Okochi Ryogi

Wie man wird, was man ist

Gedanken zu Nietzsche
aus östlicher Sicht

Wissenschaftliche Buchgesellschaft
Darmstadt

Einbandgestaltung: Neil McBeath, Stuttgart.

Die Deutsche Bibliothek – CIP-Einheitsaufnahme

Okochi Ryogi:
Wie man wird, was man ist: Gedanken zu Nietzsche
aus östlicher Sicht / Okochi Ryogi. – Darmstadt:
Wiss. Buchges., 1995
ISBN 3-534-12905-9

Bestellnummer 12905-9

Das Werk ist in allen seinen Teilen urheberrechtlich geschützt.
Jede Verwertung ist ohne Zustimmung des Verlages unzulässig.
Das gilt insbesondere für Vervielfältigungen,
Übersetzungen, Mikroverfilmungen und die Einspeicherung in
und Verarbeitung durch elektronische Systeme.

© 1995 by Wissenschaftliche Buchgesellschaft, Darmstadt
Gedruckt auf säurefreiem und alterungsbeständigem Werkdruckpapier
Gesamtherstellung: Wissenschaftliche Buchgesellschaft, Darmstadt
Printed in Germany
Schrift: Sabon, 9.5/11

ISBN 3-534-12905-9

INHALT

Vorwort VII

I. Einleitung 1
Wieso Nietzsche in Japan für Japaner?

II. Anfang des Fragens 12
Über einige Jugendschriften Nietzsches

III. Sprache und Denken 32
Nicht „ich denke", sondern „es denkt"

IV. Nietzsches Naturbegriff 47
Vermenschlichung der Natur – Vernatürlichung des Menschen

V. Amor fati und Karma 65
Nietzsche, ein tiefreligiöser Mensch aus östlicher Sicht

VORWORT

Die ersten umfassenden und zugleich bedeutendsten Nietzsche-Auslegungen im deutschen Sprachraum sind fast alle in der zweiten Hälfte der 30er Jahre – ohne jeglichen Zusammenhang mit der nationalsozialistischen Ideologie – erschienen. So zum Beispiel Karl Löwiths „Nietzsches Philosophie der ewigen Wiederkehr des Gleichen" (1935); Karl Jaspers' „Nietzsche" (1936); Martin Heideggers „Nietzsche", ein zweibändiges Werk, das zwar erst 1961 erschien, aber Vorlesungen Heideggers beinhaltet, die dieser zwischen 1936 und 1940 an der Universität Freiburg gehalten hat. Alle drei Philosophen betrachteten und behandelten Nietzsche als „Philosophen" und legten in je eigener Weise seine „philosophischen Gedanken" aus. Dies zeigt bei Löwith bereits der Titel, bei Jaspers der Untertitel: „Einführung in das Verständnis seines Philosophierens". Für Heidegger war Nietzsche der „Vollender der abendländischen Metaphysik" und wurde somit in die Geschichte der „Seinsvergessenheit" eingegliedert.

Daß Nietzsche aber nicht „nur" Philosoph und Denker war, zeigt sich darin, daß er über die Grenzen der wissenschaftlichen und künstlerischen Bereiche, ja über Staats- und Kulturgrenzen hinaus, gewirkt hat und weiter wirkt. Daß er nicht reiner Philosoph war, gilt heute überall auf der Welt als selbstverständlich. Löwith hat in seinen späteren Lebensjahren einmal gesagt: „Gemessen an Aristoteles und Hegel ist er [Nietzsche] ein leidenschaftlicher Dilettant [...] Gemessen an Sophokles und Hölderlin sind Nietzsches Zarathustralieder und Gleichnisreden, mit wenigen kostbaren Ausnahmen, die künstliche Einkleidung von Gedankenerlebnissen. Nietzsche ist, im Vordergrund und der Breite nach, ein philosophischer Schriftsteller, so wie Kierkegaard ein religiöser war, aber ohne dessen Schulung im begrifflichen Denken [...] In der Tiefe und im Hintergrund ist er dennoch ein wahrer Liebhaber der Wahrheit, der das Immerseiende oder Ewige suchte und darum seine Zeit und die Zeit überhaupt überwinden wollte."¹

Karl Löwith, den ein anderer Philosoph, Hans-Georg Gadamer, als den wohl besten Schriftsteller unter den heutigen deutschen Philosophen bezeichnete², nannte Nietzsche also einen „philosophischen Schriftsteller". Hier ist anzumerken, daß alle genuinen Künstler und Schriftsteller Nietzsche stets als einen der Ihrigen ansahen. Ein Beispiel: Thomas Mann, einer der „am schmerzhaftesten Verführten durch Nietzsche", nannte ihn einen „großen Kritiker und Kultur-Philosophen" *und* einen „aus der Schule Schopenhauers kommenden europäischen Prosaisten und Essayisten obersten Ranges", dessen Genie jedoch nicht im „Zarathustra", der für Thomas Mann keine „Schöpfung", sondern lediglich „Rhethorik, erregter Wortwitz, gequälte Stimme und zweifelhafte Prophetie", ein „gesichts- und gestaltloser Unhold und Flügelmann" war, sondern in der Zeit von „Jenseits von Gut und Böse" und der „Genealogie der Moral" auf seinen Scheitelpunkt kam.[3]

Der Tendenz nach ähnliche Stimmen kommen auch von jenseits des Rheins: Eine der ersten Nietzsche-Deutungen von Jacques Derrida trägt den Titel „Les styles de Nietzsche" (1973). Noch prägnanter äußert sich Philippe Lacoue-Labarthe in einem Gespräch über den Schriftsteller Nietzsche im Hinblick auf Heidegger: Bei Nietzsche und in der deutschen Romantik finde man alle Faktoren, die man im Hinblick auf das Verhältnis zwischen Literatur und Philosophie behandeln sollte. Seine [Lacoue-Labarthes] Untersuchungen in diesem Bereich seien stets durch das Denken Heideggers genährt und herausgefordert worden. Auf diesem Wege sei Heideggers Nietzsche-Auslegung ein Stein des Anstoßes für ihn gewesen: „Seine [Heideggers] Auslegung lehnt, kurz gesagt, die schriftstellerische Seite Nietzsches einfach ab [...] Jedoch geht der

---

[1] Aus der Einleitung zu „Nietzsche", Bücher des Wissens, Fischer-Bücherei 115, 1956.

[2] Natur und Geschichte – Karl Löwith zum 70. Geburtstag, Stuttgart 1967, S. 455.

[3] Nietzsches Philosophie im Lichte unserer Erfahrung, in: „Neue Studien", Frankfurt a. M. 1948, S. 122.

Schriftsteller Nietzsche dem Denker Nietzsche stets voran. Offen gesagt, Heidegger wußte nicht, wie er mit „Ecce homo" umgehen sollte, und interessierte sich auch kaum dafür. Daher kommt der Gegensatz zwischen Heideggers und meiner Nietzsche-Auslegung [...]"[4]

Angesichts dieser Äußerungen mag es nicht unberechtigt sein, wenn wir Nietzsche nicht nur als Philosophen betrachten, dem es vor allem um „Gedanken" geht, sondern auch als Schriftsteller, dem es vor allem um den „Ausdruck" zu tun ist, wobei es sich von selbst versteht, daß der „Ausdruck" nicht „gedankenlos" ist. Nietzsche lesen hieße dann konsequenterweise, sich selber zum Ausdruck bringen. So sollte man, z. B. angesichts des Ausdrucks „Übermensch", nicht eben wie ein Schüler fragen: Was bedeutet „Übermensch"?, sondern vielmehr versuchen, diesen Ausdruck aufgrund eines anderen: „Der Mensch ist etwas, das überwunden werden soll" zu verstehen, Nietzsches Grund zum Grund der eigenen Erfahrung zu machen. Dann könnte man den Ausdruck „Übermensch" als das „Über-den-Menschen-hinaus" *erfahren*, was dem Ausdruckswillen des Schriftstellers Nietzsche entsprechen dürfte.

Trotz großer Bemühungen und hervorragender Leistungen der Nietzsche-Forschung in den zurückliegenden Jahrzehnten sind grundlegende „Gedanken" der Philosophie Nietzsches wie „Wille zur Macht", „Übermensch", „Ewige Wiederkehr des Gleichen" usw. immer noch nicht hinreichend verständlich geworden. Das quält viele Leser, die gerne klarer sehen möchten. Aber es ist womöglich gut, daß wir uns der Herausforderung der Mehrdeutigkeit dieser Begriffe stellen müssen, sind sie doch für Nietzsche selber Fragen oder „Fragezeichen", die stets von neuem seinen „Ausdruck" provozieren.

Nietzsches negierende, kritische Kraft ist beispiellos. Seine Kritik an der Moral, an der Wissenschaft, an der Demokratie, am Christentum, an der Modernität insgesamt ist scharf und unerbittlich, fast, wie Thomas Mann sagt, „bis zum Ekel". In der Tat nannte er sich einen „neinsagenden und neintuenden Geist". Und hierin besteht

---

[4] Aus der japanischen Fassung von „La fiction du politique", Anhang 2: „Lacoue-Labarthe redet über sich selbst", Tokyo 1992, S. 269 f.

seine einzigartige Größe. Dagegen ist fast alles, in dem er sich positiv und bejahend zu äußern wagt, eher vage und konturenlos. Zwar schreibt er selber, daß „Zarathustra" „der jasagende Teil" seiner Aufgabe sei und die „Grundkonzeption" desselben, „der Ewige-Wiederkunfts-Gedanke", „die höchste Formel der Bejahung, die überhaupt erreicht werden kann" („Ecce homo"). Und doch gibt er im „Zarathustra" diese Lehre nur indirekt, in Form von Rätseln zu verstehen. Für denjenigen, der die Samsara-Lehre als Grundtatsache des Daseins versteht, die zwar nicht zu erklären ist, die es aber zu überwinden gilt, ist Nietzsches „Lehre" gar nichts so Neues und Pathetisches, als das „Zarathustra" sie ausgibt.

Als „Gedanke" muß der Gedanke der ewigen Wiederkunft des Gleichen unverständlich und unerklärlich bleiben, denn er hat Nietzsche in unerklärlicher Weise „überfallen". Zwar beabsichtigte Nietzsche eine Zeitlang ernsthaft, in Paris oder Wien einige naturwissenschaftliche Studien zu betreiben, um diesen Gedanken beweisbar zu machen, ließ aber zum Glück von diesem Vorhaben ab. Denn beweisen läßt sich dieser Gedanke nicht, ja er benötigt keinen Beweis, ist er doch Ausdruck der Erfahrung des „zermalmenden" und „zähneknirschenden" „größten Schwergewichts" des Daseins, des Lebens. Zu klären wäre lediglich, was Nietzsche zu solchen und ähnlichen Gedanken treibt, was in ihm zum Ausdruck drängt, was er „Wille zur Macht" nennt, der „lieber nichts will als nicht will": der Nihilismus. „Dieser unheimlichste aller Gäste" will zum Ausdruck.

Uns Menschen des Ostens ist der Gedanke des Nichts („Mu") oder der Leere („Ku"; sanskr. „sunyata") altvertraut, wenngleich er seit der Berührung mit der modernen westlichen Zivilisation mehr und mehr in den Schatten gerät. Auch für uns ist der Nihilismus ein unheimlicher, zugleich aber heimischer Gast. Im Abendland bezeichnet „Nihilismus" die Abwesenheit von etwas Wesentlichem, die Abwesenheit Gottes – den „Tod Gottes", wie Nietzsche sagt. Er ist mit einem Minuszeichen versehen. Im Morgenland bezeichnet „Mu" oder „Ku" die eigentliche und ursprüngliche Seinsweise aller Dinge, ist also nicht mit einem Minuszeichen behaftet, was nicht bedeuten muß, daß es ein Pluszeichen trägt. Wie sieht Nietzsche dann in den Augen dieser östlichen Tradition aus, vom Buddhismus her, der von vornherein keinen Unterschied kennt zwischen Dichtung,

Philosophie und Religion? Die folgenden Betrachtungen zeigen einige Schritte auf diesem östlichen Weg.

Dieser Arbeit liegen vier Aufsätze zugrunde, die zwischen 1965 und 1988 entstanden und in verschiedenen Zeitschriften veröffentlicht worden sind:
1. Anfang des Fragens – über einige wichtige Jugendschriften Nietzsches, in: Forschungsberichte zur Germanistik, Bd. VII, herausgegeben vom japanischen Verein für Germanistik im Bezirk Osaka-Kobe, 1965.
2. Nietzsches amor fati im Lichte vom Karma des Buddhismus, in: Nietzsche-Studien, Bd. 1, Berlin–New York 1972.
3. Vorsprachliche Bedingtheit zwischenmenschlicher Beziehung, in: Zeitschrift für Religions- und Geistesgeschichte, Bd. XXVIII, Heft 4, Köln 1976.
4. Nietzsches Naturbegriff aus östlicher Sicht, in: Nietzsche-Studien, Bd. 17, de Gruyter, Berlin–New York 1988.

Von Nietzsche wurde zitiert:
1. Die Jugendschriften aus: Friedrich Nietzsche, Werke und Briefe, historisch-kritische Gesamtausgabe, 9 Bde. (unvollkommen), Beck, München, 1933.   A
Die darin nicht enthaltenen Jugendschriften aus: Friedrich Nietzsche, Werke in 3 Bänden, Hanser, München, 1956.
2. Die vollständigen Werke aus: Friedrich Nietzsche, sämtliche Werke, Kröner Taschenausgabe (TKA).   B
3. Sonst wurde zitiert aus: Kritische Studienausgabe (KSA), de Gruyter, 1986.   C
4. Einige Stellen wurden aus der Musarionausgabe zitiert.

Die Zitate aus japanischen Büchern hat der Verfasser in eigener Verantwortung ins Deutsche übersetzt. Er hofft, daß Sinn und Bedeutung dabei keinen allzu großen Schaden gelitten haben.

Die Sanskritwörter konnten aus technischen Gründen nicht ganz korrekt transkribiert werden.

Ich danke Gert und Katalin Schneider, die mir die Gastfreundschaft und die ruhige Atmosphäre gewährt haben, ohne die die fällige Überarbeitung der genannten Aufsätze nicht möglich gewesen wäre, und Dora Fischer-Barnicol, die mir bei der Überarbeitung selbst und bei der Erstellung dieses Manuskriptes zur Seite gestanden hat. Ihnen gebührt größerer Dank als ich auszudrücken in der Lage bin.

Kobe, Herbst 1994

ERSTES KAPITEL

EINLEITUNG

Wieso Nietzsche in Japan für Japaner?

Immer wieder fragt man mich in Deutschland, in Europa: „Weshalb interessieren Sie sich eigentlich ausgerechnet für Nietzsche?" Mit „Sie" dürfte dabei vermutlich gemeint sein: „Sie, der Sie weder Europäer noch Christ sind". Diese Frage erschien mir anfangs befremdend, in einem gewissen Sinne ist sie aber berechtigt. Denn der Nietzsche, der den Tod des christlichen Gottes proklamierte, der den „europäischen Nihilismus" „in sich gelebt hat, hinter sich, unter sich, außer sich hat", der sich mit großem Stolz einen „guten Europäer" nannte, der Nietzsche, der „die antichristliche Wiederholung der Antike" (Karl Löwith) mit äußerster Konsequenz durchzuführen versuchte, – dieser Nietzsche ist in der Tat ein spezifisch europäisches Ereignis. Außerhalb Europas, dessen Geschichte und geistige Überlieferung als Bewegung auf einer Ellipse mit den beiden Brennpunkten „Antike" und „Christentum" aufzufassen ist, wäre das Phänomen Nietzsche undenkbar. Jenes Europa ist uns Japanern bis vor etwa hundert Jahren kaum bekannt gewesen und in einem gewissen Sinne auch heute noch fremd. Wir lebten und leben in einem anderen geistigen Klima. Warum also Nietzsche für mich, einen Japaner?

Das Datum des ersten Anbrandens christlicher Missionswellen an die japanischen Küsten liegt zwar mehrere Jahrhunderte zurück, seit etwa hundert Jahren aber versucht Japan, alles Europäische bei sich und in sich aufzunehmen, es auf sich zu nehmen und sozusagen als eigene Nahrung zu verdauen: Alle Art Wissenschaften, vor allem die Naturwissenschaften und die Technik, aber auch das Justiz-, Militär- und Schulwesen. Sofern die Rezeption einigermaßen gelang, besonders im Bereich der Naturwissenschaften und Techniken, konnte man das Übernommene auf eigenständige Weise weiterentwickeln. Die Aufnahmefähigkeit Japans beschränkte sich jedoch nicht auf diese Bereiche der europäischen „Zivilisation", denn Japan hat, fast könnte man sagen, gierig versucht, sich alle geistigen Leistungen Europas anzueignen. In kürzester Zeit wurde das europäische Gedankengut in Japan bekannt gemacht; heute liegen die meisten religiösen, philosophischen und literarischen Schriften des Abendlandes in japanischen Übersetzungen vor – von Augustin bis Buber, von den Vorsokratikern bis Heidegger und Merleau-Ponty, von Homer bis Sartre und Grass.

Allein, es versteht sich von selbst, daß es einfach unmöglich ist, diese Errungenschaften Europas, die tief in der Tradition seines Denkens, Fühlens und Wollens, insbesondere aber in seinen Sprachen verwurzelt sind, innerhalb so kurzer Zeit in ein anderes Klima zu verpflanzen und dort weiter zu entfalten. Die abendländische Philosophie findet nur in akademischen Kreisen Verbreitung; die abendländische Literatur wird zwar von einem breiteren Publikum geliebt und gelesen, aber ein Europäer, der beispielsweise Yasunari Kawabata oder Kobo Abe gelesen hat, sieht sofort ein, daß diese Schriftsteller in einer ganz anderen Atmosphäre lesen und schreiben. Auch die christliche Religion bleibt dem Japaner im Grunde vollkommen fremd; die Zahl der japanischen Christen, die 0,8% der Bevölkerung ausmacht, beweist dies. Noch einmal: Warum also interessiert Nietzsche einen Japaner? Ist er auch nur einer der vielen europäischen Denker, die aus lauter Neugier übersetzt, gekauft und gelesen werden?

Der Fall Nietzsche liegt etwas anders. Schon Ende der 80iger Jahre des vorigen Jahrhunderts, also noch zu seinen Lebzeiten, erschienen erste Betrachtungen über ihn in japanischen Zeitschriften. Seitdem wurden mehrere Übersetzungen der jeweiligen deutschen Gesamtausgaben von Nietzsches Werken vorgelegt; neben der französischen und italienischen liegt auch die japanische Übersetzung der neuen historisch-kritischen Nietzsche-Ausgabe, die im Verlag de Gruyter erschienen ist, mit Ausnahme der Philologischen Abteilung, längst vor. Auch zahlreiche wissenschaftliche Arbeiten über Nietzsche sind in Japan erschienen; darunter bedeutsame Beiträge zur Nietzsche-Forschung, die den europäischen Lesern aufgrund fehlender Übersetzungen leider noch nicht zugänglich sind[5]. Merk-

---

[5] Zur Rezeptionsgeschichte Nietzsches in Japan s. Oishi Kiichiro: Nietz-

würdig ist, daß der Leserkreis Nietzsches in Japan sich nicht auf akademische oder hochintellektuelle Zirkel beschränkt. „Zarathustra" und „Die Geburt der Tragödie", die in dem Band einer Serie mit dem Titel „Meisterwerke aus aller Welt" („Sekai no Meicho") vor zwanzig Jahren publiziert wurden, sind Bestseller geworden. Ein Buch kaufen und es lesen, sind freilich zwei verschiedene Dinge, Lesen und Verstehen auch. Man darf dieses merkwürdige Phänomen jedoch nicht einfach abtun mit Argumenten wie, es verdanke sich der Technik der Massenpublikation in den spätkapitalistischen Ländern oder es sei eines der vielen Symptome der unverbindlichen Wissensgier des Japaners. Daß „Zarathustra" in einem Land des fernen Ostens ein Bestseller wird, hat indes fast schon etwas Unheimliches. Dafür muß es Gründe geben, die es zu bedenken gilt.

Einer der Gründe ist wohl in dem verzweifelnden Mißmut und in dem Mißbehagen zu suchen, die sich in dem so raschen Industrialisierungsprozeß und der daraus sich ergebenden wirtschaftlichen Entwicklung verbergen, und denjenigen, die dafür Sinn haben, sehr wohl zur Empfindung und zum Bewußtsein kommen. Zwar sind sich breite Schichten der Bevölkerung dieser Mißstimmung noch nicht deutlich bewußt, aber das Gefühl, alles sei vergeblich, wird allenthalben und von jedermann verspürt. Dieses Gefühl ruft vor allem bei der jungen Generation, die ohnehin sehr empfindsam ist, Bedrückung und Verzweiflung hervor. Nicht nur die Hippie-Bewegung und die Rauschgiftsucht, auch die Studentenunruhen, die in den 60er Jahren fast alle Universitäten Japans in Panik versetzt haben, können wohl nicht richtig erfaßt und gedeutet werden, wenn man nicht auf diese noch stark gefühlsmäßige, aber um so belastendere nihilistisch-anarchistische Stimmung in der Studentenschaft aufmerksam wird. Selbstverständlich bedarf es darüber hinaus eingehender politologischer, soziologischer und psychologischer Untersuchungen, um die Gründe für dieses „internationale" Phänomen zu erklären[6]. Das verzweifelnde und verzweifelte nihilistisch-anar-

---

sche als Philologe in Japan – Versuch einer Rekonstruktion der Rezeptionsgeschichte", in: Internationale Nietzsche Forschung, Bd. 17, 1988.

[6] Das Wort Studentenunruhe ist übrigens eine recht trügerische Verdeckung des wahren Sachverhalts: daß Studenten unruhig und „gewalttätig"

chistische Gefühl, solange dieses Establishment bestehe, bleibe alles beim alten, komme nicht Neues, müsse man leben wie der Teil einer Maschine, vom Fließband des Bildungs- und Gesellschaftssystems automatisch befördert, gleichgültig und ohne Rücksicht darauf, was man wolle, wie, woraufhin man leben möchte – bis zum Tode ohne Zweck, ohne Antwort auf das Warum, und alles umsonst ... dieses Gefühl drapierte sich mit den Schlagworten irgendeiner politischen Ideologie; ein unverbindlicher, allzu idealistischer Gemütszustand schlug um in Anarchie und Terror. Dieselben Studenten, die mit heiserer Stimme „Mao-Tse-tung" und „Ché Guevara" riefen, lasen gleichzeitig Nietzsche oder gar Stirner. Dieser Umstand könnte unsere Vermutung bestätigen. Hat Nietzsche nicht vorhergesagt, daß gerade für die „modernisierten" und „europäisierten" Länder – also auch Japan – derartige „Décadence-Erscheinungen" unausweichlich bevorstünden?

Ein weiterer Grund ist wohl in der Denkweise Nietzsches zu finden. Nicht was, sondern wie er denkt, erscheint einem Japaner sehr anziehend. Der Denker Nietzsche war „kein geschulter Philosoph", sein Lehrer war nicht Hegel, sondern dessen leidenschaftlicher Widersacher Schopenhauer (Löwith). Das wäre jedoch nicht nur negativ zu deuten. Nietzsches weniger „logisches", aber um so leidenschaftlicheres, ja verleiblichtes Denken, das im Grunde genommen aus einer Lebenserfahrung erwächst, entspricht irgendwie der Denkweise eines Japaners oder überhaupt eines Asiaten, der allzu logischem und systematischem Denken nicht gewachsen ist. Für einen Japaner ist Denken nicht eine Sache der Spekulation, mitunter auch nicht des Verstandes oder der Vernunft. Er neigt dazu, nicht analytisch-kritisch, sondern intuitiv-gefühlsmäßig zu denken. Das unterscheidende und scheidende Denken (determinatio est negatio!) ist einem Japaner eigentlich und ursprünglich fremd. Im Japanischen ist die „Subjekt-Objekt-Spaltung" schon sprachlich oft

wurden, ist doch wohl nur so zu deuten, daß eine allgemeine Unruhe, eine kritische Stimmung, die sich unter der ruhigen, satten Oberfläche der Wohlstandsgesellschaft ausgebildet hatte, bei einer besonders empfindlichen, idealistischen und vorübergehend sozial nicht integrierten Gruppe ausbrach.

gar nicht möglich. Ein Japaner spricht im Alltag häufig ohne Subjekt und Objekt, vor allem, wenn diese Personalpronomina sind. Das hat natürlich große Nachteile, denn logische Widersprüche sind oft ganz gleichgültig; andererseits entsteht dadurch der Vorteil, das Ganze als Ganzes auf einmal erfassen zu können[7]. Nietzsche mag einer solchen Denkweise verführerisch erscheinen; zwar versteht man ihn kaum, ist aber bereits hingerissen.

Dies sind jedoch nur zwei Gründe, bei weitem nicht die Hauptgründe dafür, weshalb Nietzsche in Japan so viele Leser gefunden hat und findet. Wesentlicher dürfte eine eigentümliche Gemeinsamkeit sein, richtiger gesagt, eine Wesensverwandtschaft zwischen dem buddhistischen und Nietzsches Denken trotz äußerster Verschiedenheit ihrer Herkunft. Allerdings ist diese „Verwandtschaft" keineswegs einfach, sondern recht kompliziert, und zwar in einem doppelten Sinne. Zwei Vorüberlegungen können zur Klärung beitragen: Zum einen die Frage nach Nietzsches Beziehung zum Buddhismus, zum anderen die Problematik des Buddhismus im heutigen Japan.

Nietzsche kam indirekt mit dem Buddhismus in Berührung durch Schopenhauer, direkt aber durch Ergebnisse der damaligen deutschen Indologie, insbesondere durch seinen Freund Paul Deussen. Bereits in einem Brief aus seiner Bonner Studienzeit steht eine kurze Bemerkung über die „Sutta Nipata" und in seiner Bibliothek finden sich für damalige Verhältnisse ziemlich viele Bücher über die indische Philosophie und den Buddhismus[8]. Da Nietzsche aber keinen

---

[7] Ausführlicher dazu Kap. III.

[8] Laut der „Vierzehnten Jahresgabe der Gesellschaft der Freunde des Nietzsche-Archivs" (Weimar 1942) finden sich in der Nietzsche-Bibliothek folgende Bücher über indische Philosophie und Buddhismus: Otto Böhtlingk: Indische Sprüche, Sanskrit und Deutsch, 2. Aufl., 3 Bde., St. Petersburg 1870/73. – Paul Deussen: Die Elemente der Metaphysik, Aachen 1877. Das System des vedanta, Leipzig 1883. Die Sutras des Vedanta, aus dem Sanskrit übersetzt, Leipzig 1887. – Max Müller: Essays Bd. II, Beiträge zur vergleichenden Mythologie und Ethnologie, Leipzig 1869. – Hermann Oldenberg: Buddha, sein Leben, seine Lehre, seine Gemeinde, Berlin 1881. – Jacob Wackernagel: Über den Ursprung des Brahmanismus, Vortrag, Basel 1877. – Außerdem ist festgestellt worden, daß Nietzsche aus der Universi-

unmittelbaren sprachlichen Zugang zum Buddhismus hatte, richteten sich seine Kenntnisse an dem Niveau der zeitgenössischen deutschen Indologie aus. Zugleich ist allerdings zu fragen, wie gründlich er (wie dies häufig bei einem schöpferischen Genie der Fall ist) die Bücher, die in seiner Bibliothek registriert sind, wohl gelesen hat. Seine Buddhismuskenntnis bezieht sich, soweit man das aufgrund seiner Äußerungen beurteilen kann, auf den frühen indischen Buddhismus, d.h. den Hinayana- oder Theravada-Buddhismus. Der Buddhismus hat sich jedoch in 2500 Jahren in verschiedenen Kulturbereichen im Mahayana-Buddhismus entfaltet, nicht nur in Indien, sondern auch in Tibet, China, Vietnam, Korea und Japan. Vom heutigen Standpunkt des Mahayana-Buddhismus aus waren Nietzsches Kenntnisse also sehr einseitig. Zuweilen erweisen sie sich gar als Miß- oder Unverständnis oder als bloßer Exotismus, wiewohl sie nicht so sehr durch Unwissen und Vorurteile verdorben sind wie die Hegels[9]. Kurz, in philologischer Hinsicht reichen Nietzsches Kenntnisse vom Buddhismus und sein Interesse am Buddhismus nicht aus, um in einem japanischen Buddhisten hochgespannte Erwartungen zu wecken.

täts-Bibliothek Basel folgendes Buch im WS 1878/79 ausgeliehen hat: Haug: Brahma und die Brahmanen.

[9] Für uns östliche Menschen ist der Begriff Natur der höchste und bedeutungsvollste. Die Bezogenheit des Willens auf die Natur bildet den Grund unseres Denkens, was aber von den Menschen im Westen kaum richtig verstanden worden ist. Die Unterschiedlichkeit der Denkhaltung angesichts der Natur ist so kraß, daß sie fast unüberbrückbar scheint. Ein gutes Beispiel bietet Hegel. Hegel bestimmte einmal die Lebenshaltung des Chinesen als „Einheit des Geistes mit der Natur". Die harmonische Einheit des Geistes mit der Natur ist und bleibt nicht nur für den Chinesen, sondern für den Asiaten überhaupt der höchste, ideale Zustand des Lebens, den man erreichen kann. Dagegen hält Hegel sie für „die niederste, unwahrste Stufe", weil sie „nicht durch den Geist selbst hervorgebracht ist". Eine höchst verblüffende Bemerkung. Wir möchten beinahe traurig werden angesichts der Unwissenheit dieses großen Denkers, die ihn dazu verführte, so einseitig und dogmatisch zu urteilen. Er wußte nicht, und wollte vielleicht auch nicht wissen, wie sehr die Menschen Asiens sich darum bemüht haben und immer noch bemühen, jenen für sie höchsten Zustand zu erreichen. Dazu s. Kapitel IV.

Einleitung 7

Was nun den Buddhismus im heutigen Japan betrifft, so ist auch hier überall ein Brechen mit den alten Traditionen zu beobachten. Der Buddhismus als Religion scheint, um mit Nietzsche zu sprechen, „in den letzten Atemzügen" zu liegen. Bei den meisten Japanern, vor allem unter den Intellektuellen, läßt sich kaum noch eine Spur des Buddhismus finden. Dieser Abbruch der geistigen Tradition reicht viel tiefer als etwa in Deutschland, und je weiter Japan sich technisch entwickelt, desto weiter entfernt es sich von seinen Traditionen in einem (vielleicht) guten wie in einem (offensichtlich) schlechten Sinn. Daß diese Tendenz in den Städten deutlicher hervortritt als auf dem Lande, ist ja eine weltweite Erscheinung. (Japans wahres Bild sieht ganz anders aus als die meisten europäische Journalisten – und nicht nur Journalisten? – es schildern, die nicht einmal die Sprache des Landes kennen, über das sie Bericht erstatten. Wenn man ihnen glaubt, so ist Japan lediglich das Land des Zen-Buddhismus und der Wirtschaft, was aber – leider Gottes und zugleich Gott sei Dank – nicht der Fall ist.)

Wenn es sich so verhält, daß einerseits keine zulänglichen Kenntnisse, geschweige denn so etwas wie Einflüsse des Buddhismus bei Nietzsche zu finden sind, andererseits aber die Elemente des Buddhismus im heutigen Japan mehr und mehr schwinden, worin ist dann noch ein überzeugender Grund dafür zu finden, daß in Japan so viele Menschen Nietzsche nicht nur lesen, sondern auch erforschen? Ist das große japanische Interesse an Nietzsche im Grunde nicht doch nur auf unfruchtbare Wissensgier und kritiklose Übernahme zurückzuführen? Ich glaube, das ist nicht der Fall.

Seit Nietzsches Proklamation vom Tod Gottes ist über ein Jahrhundert vergangen. Wie Nietzsche voraussah, erfaßte der Nihilismus Europa immer stärker. Trotzdem spürt ein Nichteuropäer ständig und überall im abendländischen Alltag noch immer das Christliche, oder doch die tief christlich geprägten Denk-, Fühl- und Verhaltensweisen. Mag das Christentum ebenfalls „in den letzten Atemzügen" liegen, mag die Zahl wahrhaft gläubiger Christen auch so klein sein, daß sie einer Ausnahme gleichkommt: fast alle Menschen zahlen noch immer die sogenannte Kirchensteuer, fast alle Babys werden getauft, fast alle Familien feiern Konfirmation oder Erstkommunion, man läßt sich kirchlich trauen und kirchlich begraben, in den Universitäten lehrt und lernt man Theologie, und Politiker, auch sozialistische, schwören beim Amtsantritt auf die Bibel oder im Namen Gottes. Doch nicht nur an Äußerlichkeiten, mehr noch an den inneren Denkgewohnheiten sind christliche Einflüsse deutlich abzulesen: Überlegungen über den Anfang des Alls (es muß nicht unbedingt die biblische Schöpfungslehre sein), Subordination der Natur unter den „Geist", die wesenhafte Unterscheidung zwischen Mensch und Tier, der Fortschrittsglaube, der möglicherweise eine säkularisierte Form des Eschatongedankens ist, Selbstmord als Sünde, eine Ethik, die es gut heißt, den Willen – sei es den Gottes oder eines Menschen – durchzusetzen, etc.: Dies alles wäre ohne das Christliche überhaupt nicht denkbar. Man braucht kein Wort darüber zu verlieren, daß die philosophischen Bewegungen im heutigen Europa – christliche, atheistische, existentielle, seinsgeschichtliche, ja, sogar marxistische und analytische – negativ oder positiv, im religiösen oder im verweltlichten Sinne, alle irgendwie in Beziehung zum Christentum stehen. Bei all dem mag es sich, um mit Nietzsche zu reden, um den „Schatten Gottes" handeln; das heißt aber, daß Nietzsche noch längst nicht zu den „Klassikern" gehört, daß seine Fragestellung vielmehr nach wie vor das aktuelle Problem Europas ist.

Für Japan gilt zwar nicht ganz dasselbe, aber doch Ähnliches. Die Sachlage ist in Japan allerdings komplizierter als in den meisten europäischen Ländern, weil in Japan seit Jahrtausenden nicht eine Religion, sondern drei Religionen bald neben- und miteinander, bald gegeneinander bestanden haben: der Shintoismus, der Konfuzianismus und der Buddhismus. Deshalb fällt es sehr schwer, genau festzustellen, was vom Shintoismus, was vom Konfuzianismus und was vom Buddhismus die Denk- und Fühlweise des Volkes geprägt hat. (Hinzu kommt, daß nicht nur Europäer, sondern auch die „europäisch gebildeten" Japaner der Meinung sind, daß der Japaner religiösen Fragen gegenüber ganz und gar gleichgültig sei. Damit haben sie recht und unrecht zugleich. Sie haben recht, wenn sie diese drei Religionen lediglich mit den Augen eines Christen betrachten; unrecht, sobald man zu sehen vermag, daß es kaum möglich ist, alle Religionen dieser Erde unter spezifisch europäischen, und das heißt christlichen Gesichtspunkten zu verstehen.)

Und doch ist das Buddhistische im alltäglichen Leben Japans deutlich zu spüren. Nur einige Beispiele seien genannt: Man nennt den Toten, auch den Selbstmörder, „Hotoke" (Buddha), weil man denkt, daß der Tote von den Lasten des irdischen Lebens befreit sei; man fühlt sich als ein Stück Natur in der Natur und nicht der Natur gegenüberstehend; Natürlichkeit gilt als die höchste Lebensweise; so schätzt man den natürlichen Lauf der Dinge höher als das Sichdurchsetzen des menschlichen Willens in der Natur; umfangendes und umfangenes Trauer- und Mitleidgefühl wirken viel tiefer als die aktive und willentliche Tat der Liebe; man sieht im hiesigen, zeitgebundenen Leben nicht das Leben schlechthin, folglich ist man weniger in diesem Leben befangen; der Gedanke an den Tod bringt irgendwie Ruhe und nicht nur Unruhe und Furcht; auch die eigene Willensentscheidung empfindet man als eine dem menschlichen Verstand unbegreifliche höhere Notwendigkeit. Zufall und Notwendigkeit sind keine gegensätzlichen Begriffe; „Akirameru" bedeutet einerseits „resignieren, entsagen", zugleich aber auch „sich etwas klar machen, etwas einsehen". Dies alles ist dem durchschnittlichen Japaner so selbstverständlich, daß er nicht weiter darüber reflektiert, ob es buddhistischen Ursprungs ist oder nicht. Nur „europäisch gebildete" Japaner reflektieren darüber. Sie versuchen, diese alte Weise des „Denkens-Fühlens" zu überwinden durch ein „rationales, richtiges, wissenschaftliches, modernes Denken". Wenn ein Europäer aber den Alltag in Japan ohne allzu große Vorurteile betrachtet, kann er ohne weiteres erkennen, wie tief der Japaner noch in der buddhistischen Tradition lebt.

Was nun kommt dem buddhistisch geprägten Japaner in Nietzsches Denken entgegen? Nicht die direkten Äußerungen und Erwägungen Nietzsches über den Buddhismus, wohl aber die letzte Phase seines Denkversuchs, in der er den Horizont des bisherigen abendländischen Denkens sozusagen gewaltsam erweitert und eine „Überwindung des Nihilismus durch den Nihilismus selber" zu ermöglichen scheint. In diesem Punkte scheint eine Art Einklang mit dem Buddhismus zu bestehen, denn Aufgabe und Ziel des 2500 Jahre währenden Bemühens des Buddhismus ist ja einzig und allein die Überwindung des Idealismus – „aller Idealismus ist Verlogenheit vor dem Notwendigen", sagt Nietzsche. Sei es Sunyata (Leerheit), sei es Natur, sei es Niratman (Nicht-Ichhaftigkeit), sei es die 'Andere Kraft', der sich der Gläubige im Jodoshin-Buddhismus anvertraut, dies alles zielt letzten Endes auf die endgültige Überwindung des Idealismus, der die Urquelle der Ichbefangenheit, des Unheils ist. Dies ist der Hauptgrund dafür, daß den Japaner Nietzsche mehr als alle anderen großen Denker des Abendlandes interessiert. *Nishitani Keiji*, der große Denker und Philosoph in Kyoto, schreibt über diesen verborgenen, aber wesentlichen Bezug:

Im Gefolge von Schopenhauer, der ein tiefgehendes Interesse für den Buddhismus hatte, zeigte auch Nietzsche ein solches Interesse, und seine Gedanken zum Nihilismus umkreisen ihn immer wieder. Da Nietzsches Auffassung des Buddhismus aber der Begrenztheit und Beschränkung der Schopenhauerschen folgte, konnte er den Buddhismus, insbesondere den Mahayana-Buddhismus, letzten Endes nicht verstehen. So nannte er „die extremste Form des Nihilismus: das Nichts (das „Sinnlose") ewig!" die „europäische Form des Buddhismus". So nannte er auch die Katastrophe des Nihilismus, die Europa unausweichlich heimsuchen sollte, „den zweiten Buddhismus". Seiner Auffassung zufolge muß die Wahrhaftigkeit, zu der die christliche Moral erzogen hat, die 2000jährige Lüge des Christentums selber bloßstellen, und daraus ergibt sich die Einsicht: „Alles ist falsch", die Nietzsche wiederum „Buddhismus der Tat" nennt. Die „Sehnsucht nach dem Nichts", welche die Konsequenz des Nihilismus ist, besitzt ihm zufolge „buddhistischen Charakter". Oder: Er hält das notwendige Heraufkommen des Nihilismus in Europa für eine „Wiederkehr des Buddhismus". Laut Nietzsche stellt der Buddhismus also die völlige Negation des Lebens und des Willens dar, und das ist in seinem Sinne der äußerste Zustand der „Dekadenz".

Was Nietzsche aber in die Nähe des Buddhismus, besonders des Mahayana-Buddhismus, rückt, ist nicht sein Verständnis des Buddhismus, sondern sind gerade seine eigenen und eigentlichen Gedanken wie „amor fati" oder das „Dionysische", die als Überwindung des Nihilismus gedacht worden sind. Wo Nietzsche sagt, das Dionysische sei „die große pantheistische Mit-freudigkeit und -leidigkeit" oder „das notwendige Einheitsgefühl des Schaffens und Zerstörens", dort steht er ganz in der Nähe des Buddhismus.[10]

Allerdings muß man sofort hinzufügen, daß die große Tradition des Mahayana-Buddhismus nicht mehr so recht lebendig ist, daß sie im

---

[10] Nishitani Keiji: Der Nihilismus, Tokyo 1949, S. 236 ff.

Begriff ist, zur Vergangenheit zu werden und abzusterben. Nur noch wenige tragen diese Tradition wach und bewußt weiter. Daß die buddhistische Tradition in Japan im Sterben liegt, geht zwar nur Japan etwas an, steht aber in engstem Zusammenhang mit der Europäisierung Japans. Die weltweite Europäisierung bedeutet aber auch die Zerstörung Europas durch den sich ausbreitenden Nihilismus als der Verwissenschaftlichung alles Menschlichen. Für Japan bedeutet die Übernahme der europäischen Zivilisation, daß es die eigene Tradition töten muß. Beides zugleich geschieht in Japan.

Das Absterben der Tradition läßt sich nicht aufhalten, ebensowenig wie die Ausbreitung des Nihilismus und des Geistes der Naturwissenschaft; beides hat man als geschichtliche Notwendigkeit hinzunehmen. Diese im doppelten Sinne kritische Situation ist meines Erachtens der eigentliche Grund dafür, daß Nietzsche bei vielen Japanern auf ein echtes Interesse stößt. Und dieses Interesse hat mich, einen japanischen Nietzsche-Leser, den Versuch wagen lassen, einen der Grundgedanken Nietzsches, „amor fati", im Licht des buddhistischen Karma-Gedankens zu betrachten und damit die oben genannte Krisis Japans klären zu helfen. Denn wir meinen, daß das Hauptziel des Menschseins im Buddhismus, das „Buddha-Werden", und die Aufgabe Europas, die Nietzsche in der Überwindung des Nihilismus sieht, zwei Motive sind, die sich nun in Japan begegnen. Eigentlich könnte man sie als zwei Seiten des einen Auftrages der Menschheit, der menschlichen Existenz, ansehen. Den Weg zu diesem Einzigen zu finden und zu beschreiben, wäre die Aufgabe dort wie hier – im Osten wie im Westen.

Werfen wir zunächst aber einen Blick auf die Jugendzeit Nietzsches.

ZWEITES KAPITEL

ANFANG DES FRAGENS

Über einige Jugendschriften Nietzsches

> Ein Versuchen und Fragen war all mein Gehen: –
> und wahrlich, auch antworten muß man *lernen*
> auf solches Fragen!
> (Zarathustra III, Vom Geist der Schwere)

(1)

Seinem letzten Werk „Ecce homo" hat Nietzsche einen merkwürdigen Untertitel gegeben: „Wie man wird, was man ist". Das Buch schließt mit dem berühmten Satz: „Hat man mich verstanden? – *Dionysos gegen den Gekreuzigten* ..." Wie wollte Nietzsche sich denn verstanden wissen? Man könnte das so deuten: Nietzsche hat in diesem Buch – in der Vorahnung vom Absturz seines geistigen Lebens – sein gesamtes Schaffen bis hin zur „Geburt der Tragödie" unter der Perspektive „wie man wird, was man ist" rückschauend betrachtet und sich selbst, den Kern seines Wesens, die Triebkraft all seines Denkens, als einen merkwürdigen Gegensatz erkannt: Dionysos gegen den Gekreuzigten. Das heißt, Nietzsche *ist* von Anfang an dieser gewesen und schließlich auch *geworden*. Zumindest ist dies sein Selbstverständnis in bezug auf sich selbst. Was soll das aber heißen: „Wie man wird, was man ist?" Im zweiten Kapitel von „Ecce homo" sagt Nietzsche dazu folgendes:

An dieser Stelle ist nicht mehr zu umgehen, die eigentliche Antwort auf die Frage, *wie man wird, was man ist*, zu geben [...] Daß man wird, was man ist, setzt voraus, daß man nicht im Entferntesten ahnt, was man ist. Aus diesem Gesichtspunkt haben selbst die *Fehlgriffe* des Lebens ihren eigenen Sinn und Wert, die zeitweiligen Nebenwege und Auswege, die Verzögerungen, die „Bescheidenheiten", der Ernst, auf Aufgaben verschwendet, die jenseits *der*

Anfang des Fragens

Aufgabe liegen [...] Zur Aufgabe einer *Umwertung der Werte* waren vielleicht mehr Vermögen nötig, als je in einem beieinander gewohnt haben [...] Seine [meines Instinktes] höhere Obhut zeigte sich in dem Maße stark, daß ich in keinem Fall auch nur geahnt habe, was in mir wächst, – daß alle meine Fähigkeiten plötzlich, reif, in ihrer letzten Vollkommenheit eines Tages *hervorsprangen*. Es fehlt in meiner Erinnerung, daß ich mich je bemüht hätte, – es ist kein Zug von *Ringen* in meinem Leben nachweisbar ... Etwas „wollen", nach etwas „streben", einen „Zweck", einen „Wunsch" im Auge haben, – das kenne ich alles nicht aus Erfahrung. Noch in diesem Augenblick sehe ich auf meine Zukunft – eine *weite* Zukunft! – wie ein glattes Meer hinaus: kein Verlangen kräuselt sich auf ihm. Ich will nicht im geringsten, daß etwas anders wird als es ist: ich selber will nicht anders werden ... Aber so habe ich immer gelebt[11].

Nietzsche ist also aus eigenem Erleben zu dem Gedanken über Individuell-Persönliches und Überpersönlich-Schicksalhaftem gekommen. Dieser Gedanke liegt allen wichtigen Begriffen und Begriffspaaren wie „Sein und Werden", „Schöpfung", „Zufall und Notwendigkeit", „Wandel und Bleibendes", „Ewige Wiederkunft des Gleichen", „amor fati", „Nihilismus und seine Überwindung durch ihn selbst" etc. zugrunde, die er später in seinem Umwertungsversuch entwickelt hat. Die These, man wird, was man ist, ist also ein wichtiger Schlüssel zu Nietzsches widerspruchsvoller Gedankenwelt. Wenn man dieses „wie" durch sein Denken hin verfolgt, kann man das „was", d.h. Nietzsches Wesen und zugleich das, was er geworden ist, begreifen.

Hier aber wollen wir nicht diesen Weg, sondern den umgekehrten einschlagen. Wir wollen versuchen, uns klar zu machen, *was* er eigentlich *ist*, und zwar im ersten Stadium seines Lebens. Selbstverständlich lassen dieses „wie" und dieses „was" sich nicht voneinander trennen, und man kann keines für sich allein betrachten. Deshalb werden wir auch die Schriften seiner Jugendzeit stets in Zusammenhang mit den späteren, vor allem den spätesten Schriften betrachten. Dabei werden wir nicht mit der „Geburt der Tragödie" beginnen, wie es Nietzsche selbst in „Ecce homo" getan hat und wie dies viele Nietzsche-Forscher tun, sondern mit seinen meist Fragment gebliebenen und unveröffentlichten Jugendschriften. In ihnen

---

[11] B Ecce homo, S. 331–332.

sind, wie schon Jaspers bemerkte[12], Gedanken, die er später mit großer Dynamik entwickelt und ausgearbeitet hat, bereits klar und deutlich zum Ausdruck gebracht, freilich nur ansatzweise und keimhaft. Genau genommen handelt es sich um noch nicht durchdachte „Gedanken", auch von einem selbstbewußten „Denken" kann noch nicht die Rede sein. Und keineswegs lassen sich hier schon alle Gedanken finden, die sich später im Zuge der „drei Verwandlungen" entwickeln. Doch Nietzsche bewahrt trotz aller Wandlungen und Verwandlungen lebenslang die Grundfragen, die sich ihm in bezug auf die Überlieferung des europäischen Geistes stellen. Es ist dies sein Versuch, „von der Destruktion des biblischen Glaubens zu einer umfassenden und radikalen Kritik alles metaphysischen Denkens fortzuschreiten und den Boden für ein neues Weltdenken zu finden"[13]. Dieses Fragen, oder der Anfang dieses Fragens, findet sich bereits in seinen Jugendschriften, so als hätte er damals schon das Jahr 1888 vorweggenommen. Unsere Absicht ist es also, den Anfang und die Richtung des Fragens in seinen Jugendschriften aufzuzeigen und den ersten Schritt zu einem Verständnis Nietzsches von daher zu tun.

Die Jugendschriften, um die es hier geht, sind Schulaufsätze, Aufzeichnungen, Tagebücher und Briefe, die von 1858 bis 1865, also in der Zeit von seinem Eintritt in Schul-Pforta bis zum Studium in Bonn, geschrieben wurden. Der Grund für diese zeitliche Eingrenzung ist:

1. Das Jahr 1865 ist von großer Bedeutung für Nietzsche, weil es die Begegnung mit dem großen Philologen Ritschl brachte, den er zeitlebens verehrte. Diese Begegnung veranlaßte ihn, das Studium der Theologie, das er wohl der Mutter und Großmutter zuliebe gewählt hatte, aufzugeben und auf die klassische Philologie umzusatteln. Er beschloß, mit Ritschl nach Leipzig zu gehen. Von nun an wollte er sich in seinem Sinne in der Philologie verwirklichen, bei aller Fragwürdigkeit, die diese Disziplin für ihn hatte und auch behielt.[14]

[12] Karl Jaspers, Nietzsche, Berlin 1950, S. 42.

[13] E. Hölzen, Der Sinn von Nietzsches Atheismus, in: Jahresbericht der Tohoku Universität, Philosophische Fakultät, Nr. 13b, 1960, S. 176 ff.

[14] S. dazu Nietzsches Antrittsvorlesung in Basel: Homer und die klassische Philologie (1869).

Daher behandeln seine Schriften seit den Leipziger Jahren meist philologische Themen und gehören eher dem Themenkreis seiner Antrittsvorlesung „Homer und die klassische Philologie" und seines Erstlingswerkes „Die Geburt der Tragödie aus dem Geist der Musik" aus der Baseler Zeit zu.

2. Seine Begegnung mit Schopenhauer und Wagner findet erst in der Leipziger Zeit statt. In Leipzig wird er mit Schopenhauers Werk bekannt; Wagner lernt er persönlich kennen. Zunächst begeisterten ihn diese beiden großen Männer, er verehrte sie und empfing viel von ihnen, dann aber begannen heftige Auseinandersetzungen mit beiden, deren Überwindung ihn lebenslang beschäftigte. Wenn man seine persönliche und gedankliche Entwicklung betrachtet, gilt es, die Beziehung zu diesen beiden großen Geistern zu berücksichtigen. Uns geht es hier aber um den Anfang des Fragens bei dem jungen, sozusagen noch „unbeschriebenen" Nietzsche, der noch nicht unter Einflüssen oder Einwirkungen anderer steht, also dem Nietzsche von 1858 bis 1865. Es war die Zeit, in der er anfing, etwas von sich aus zu stammeln, das später „die ganze Weltgeschichte spalten" sollte. Zwar ist bereits in dieser Phase seine Hinwendung zur griechischen Welt unverkennbar, die sich ihm durch seinen Lehrer in Pforta und durch Hölderlin auftat[15], aber gedanklich ist sie noch nicht von großem Belang, da sie zunächst nur ein geträumtes Gegenbild zu dem, wie ihm schien, „barbarischen und leeren Deutschland" war. Sie erhält ihre volle Bedeutung erst mit seinem philologisch-philosophischen Eindringen in die Welt der Griechen.

Von den Schriften der genannten Zeit sind als besonders wichtig zu nennen:

Aus den Schuljahren in Pforta:
   a) Fatum und Geschichte   Ostern 1862
   b) Willensfreiheit und Fatum"   "
   c) Mein Leben   18. September 1863

Aus den Bonner Jahren:
   a) Dem unbekannten Gotte (Gedicht)   1864

---

[15] S. den sogenannten Hölderlin-Aufsatz (Oktober 1861) A Werke Bd. 2, S. 1–5.

b) Brief an die Schwester 11. Januar 1865
c) Zum Leben Jesu 1865
d) Zur Auferstehungslehre 1865

(2)

„Fatum und Geschichte"[16] beginnt folgendermaßen:

Wenn wir mit freiem, unbefangenem Blick die christliche Lehre und Kirchengeschichte anschauen könnten, so würden wir manche den allgemeinen Ideen widerstrebende Ansichten aussprechen müssen. Aber so, von unseren ersten Tagen an eingeengt in das Joch der Gewohnheit und der Vorurteile, durch die Eindrücke unserer Kindheit in der natürlichen Entwicklung unseres Geistes gehemmt und in der Bildung unseres Temperaments bestimmt, glauben wir es fast als Vergehen betrachten zu müssen, wenn wir einen freieren Standpunkt wählen, um von da aus ein unparteiisches und der Zeit angemessenes Urteil über Religion und Christentum fällen zu können.

Der achtzehnjährige Jüngling umkreist ängstlich mit abstrakten Begriffen die Frage, als fühle er sich von deren Ernst, von dem ungeheuren Versuch solchen Fragens, der ihm nun bewußt zu werden beginnt, bedroht, und fährt fort:

Ein solcher Versuch ist nicht das Werk einiger Wochen, sondern eines Lebens. Denn wie vermöchte man die Autorität zweier Jahrtausende, die Bürgschaft der geistreichsten Männer aller Zeiten durch die Resultate jugendlichen Grübelns vernichten, wie vermöchte man sich mit Phantasien und unreifen Ideen über all jene in die Weltgeschichte tief eingreifenden Wehen und Segnungen einer Religionsentwicklung hinwegsetzen?
 Es ist vollends eine Vermessenheit, philosophische Probleme lösen zu wollen, über die ein Meinungskampf seit mehreren Jahrtausenden geführt ist: Ansichten umzustürzen, die den Menschen nach dem Glauben der geistreichsten Männer erst zum wahren Menschen erheben: Naturwissenschaft mit Philosophie zu einigen, ohne auch nur die Hauptergebnisse beider zu kennen: endlich aus Naturwissenschaft und Geschichte ein System des Reellen aufzustellen, während die Einheit der Weltgeschichte und die principiellsten Grundlagen sich dem Geiste noch nicht offenbart haben.
 Sich in das Meer des Zweifels hinauszuwagen, ohne Kompaß und Führer,

[16] A Werke Bd. 2, S. 54–59.

ist Torheit und Verderben für unentwickelte Köpfe; die Meisten werden von Stürmen verschlagen, nur sehr wenige entdecken neue Länder.

Und der Zweifel heißt: „Ob nicht zweitausend Jahre schon die Menschheit durch ein Trugbild irre geleitet wurde". Noch konkreter:

Das ganze Christentum gründet sich auf Annahmen; Die Existenz Gottes, Unsterblichkeit, Bibelautorität, Inspiration und anderes werden immer Probleme bleiben.

Und sobald dies von vielen Menschen erkannt wird, „stehen noch große Umwälzungen bevor". Und „sobald es möglich wäre, durch einen starken Willen die ganze Weltvergangenheit umzustürzen, sofort träten wir in die Reihe unabhängiger Götter". Und „ich habe alles zu verleugnen versucht: o, niederreißen ist leicht, aber aufbauen! Und selbst niederreißen scheint leichter, als es ist."

In der Tat war es kein leichtes Unterfangen. Die Frage, die in dem Achtzehnjährigen undeutlich und dunkel zwar, wächst unwiderstehlich, er kann und will von ihr nicht mehr loskommen. Sein ganzes Leben hindurch strebt er danach, dieses Fragen bis in letzte Höhen voranzutreiben; Thomas Mann meint, letzten Endes habe er sich „verstiegen"[17]. Es muß jedoch betont werden, daß dieses Fragen weder Phantasterei noch jugendliches Grübeln war, sondern im strengen Sinne des Wortes *Anfang* seines *Fragens*, seines *Denkens*, seines *Versuchens*. Wie ein roter Faden durchzieht es sein Leben bis zum letzten Augenblick seines geistigen Schaffens: von dem „tiefen, feindseligen Schweigen über das Christentum" („Die Geburt der Tragödie"[18]) zu der heute zum Schlagwort gewordenen Proklamation „Gott ist tot" („Fröhliche Wissenschaften"[19]) hin zu den Urteilen, daß „Gott ein Menschen-Werk und -Wahnsinn"[20], nur eine „Mutmaßung"[21] sei (Zarathustra"), und schließlich bis zur Verurteilung:

[17] Thomas Mann, Neue Studien, Berlin und Frankfurt a. M. 1948, S. 116.
[18] B Zur Geburt der Tragödie in: Ecce homo, S. 348.
[19] B Fröhliche Wissenschaften, S. 235, 270 ff.
[20] B Also sprach Zarathustra, S. 31.
[21] Ibid. S. 90.

– Das ist es nicht, was uns abscheidet, daß wir keinen Gott wiederfinden, weder in der Geschichte, noch in der Natur, noch hinter der Natur, – sondern daß wir, was als Gott verehrt wurde, nicht als „göttlich", sondern als erbarmungswürdig, als absurd, als schädlich empfinden, nicht nur als Irrtum, sondern als *Verbrechen am Leben* ... Wir leugnen Gott als Gott („Der Antichrist"[22])

Zwar weiß er noch nicht, weshalb er fragen muß, ob denn nicht das ganze Christentum sich auf Annahmen gründe, er weiß auch nicht, was ihn eine solche Frage stellen läßt, auch nicht, was kommt oder was kommen soll, nachdem an den Tag gebracht ist, daß die Menschheit zweitausend Jahre lang betrogen worden ist. Auf all dies hat er noch keine Antwort, denn diese Frage ist nicht Ergebnis einer philosophischen, theologischen oder psychologischen Folgerung, wie er sie später so meisterlich beherrscht, sie hat ihn sozusagen überfallen. Gerade deshalb empfindet er sie als so überwältigend. Noch weiß er nicht, woher sie kommt, wohin sie ihn treibt. Er ahnt nur, daß, wenn einen dieses Fragen einmal ergriffen hat, man nie von ihm loskommen wird. Das eigentliche, ursprüngliche *Fragen* ist angebrochen.

(3)

Derselbe junge Mensch, der dem Christentum eine derart radikale Frage stellte, pries es zugleich (vermutlich sogar im selben Monat):

Leise, aus der Tiefe aufsteigend, in liebevollen Akkorden kündet sich das Christentum an, nicht in himmelstürmender Tonfülle, sondern bescheiden und doch weltumschlingend. Ein wilder Kampf beginnt; starr und eisern scheint das Heidentum zu widerstehen; in grollenden Figuren steigt es zu drohender Höhe empor, aber leise tönt doch das süße Evangelium hindurch, trostverkündend der ruhelosen, sehnsüchtigen Welt, bis endlich in vollen Klängen die himmlische Verheißung ertönt; die heidnischen Stimmen verhallen; das Christentum hat gesiegt und nun wogt es in gewaltigen, breiten Harmonien über das Erdenrund, die Welt wieder an den Himmel knüpfend, den sie verloren, nicht ohne harten Kampf, aber doch in maßvoller Ruhe

---

[22] B Der Antichrist, S. 252.

Anfang des Fragens 19

fluthend, ein Weltstrom, unaufhaltsam, großartig hinrollend, dessen Quelle die unendliche, weltumfassende Liebe Gottes ist.[23]

Dort radikaler Zweifel und hier bedingungsloser Lobpreis. Diese widersprüchliche Haltung ist aber bei einem Menschen wie Nietzsche nicht so erstaunlich und unverständlich, wie es den Anschein haben mag, bei einem Menschen, der von Hause aus die engste Beziehung zum Pfarramt hat und sich selbst so beschreibt: „Ich bin als Pflanze nahe dem Gottesacker, als Mensch in einem Pfarrhaus geboren"[24], und der auf der Universität, nicht ganz aus eigenem Willen zwar, aber doch zunächst Theologie als Hauptfach wählt. Das ist auch insofern nicht allzu verwunderlich, weil jener Zweifel noch kein klarer und zielbewußter, sondern eher dunkle Ahnung ist. Erstaunlich aber ist, daß seine widersprüchliche Haltung dem Christentum gegenüber sein Leben lang nahezu unverändert bleibt. Wenn er das Christentum später aufs heftigste und schneidendste kritisiert und angreift, äußert er doch auch das Gegenteil aus weichem, warmem Herzen:

Es (das Christentum) ist doch das beste Stück idealen Lebens, welches ich wirklich kennengelernt habe: von Kindesbeinen an bin ich ihm nachgegangen, und ich glaube, ich bin nie in meinem Herzen gegen dasselbe gemein gewesen.[25]

Und in einem Fragment, das wahrscheinlich zwischen 1885–1888 geschrieben wurde, liest man folgendes:

Die [...] vornehmsten Formen Mensch, denen ich leibhaftig begegnet bin, waren der vollkommene Christ – ich rechne es mir zur Ehre, aus einem Geschlecht zu stammen, das in jedem Sinne ernst mit seinem Christentum gemacht hat.[26]

Diese sich widersprechenden Äußerungen werden erst in Einklang gebracht in der Einsicht, daß sich die durch die christliche Tradition gebildete „Wahrhaftigkeit", „die christliche Moralität", gegen das

---

[23] A Bd. 2, Heidentum und Christentum, S. 64.
[24] Mein Leben (18. 9. 1863), Hanser-Ausgabe Bd. 3, S. 107–110.
[25] Brief an Peter Gast, 21. 7. 1881.
[26] B Unschuld des Werdens I, S. 382.

Christentum selbst wende und es besiege. Was aber bedeutet „Tradition" bei Nietzsche?

Eine Tradition, falls sie wirklich Tradition ist, kann weder durch Kritik noch durch Verneinung von außen aus den Angeln gehoben werden. Alle gegen sie gerichtete Verneinung und Kritik erwächst vielmehr aus ihr selbst, d. h. die Tradition zeugt die widerständische Gegenbewegung gegen sich, die sie schließlich überwindet. Eben dies ist der Beweis dafür, daß die Tradition noch wirkmächtig ist. Die Gegenbewegung, das Einengende und Erstarrte der Tradition durchbrechen zu wollen, hat demzufolge – bewußt oder unbewußt – notwendigerweise eine Richtung, nämlich „in die Zukunft hin zu den Vorfahren zurückzukehren"[27], auch wenn das zunächst widersinnig erscheinen mag. Die Tradition auf sich nehmen, und zwar auf Zukunft hin, heißt also zugleich sie bekämpfen und Neues an ihre Stelle setzen wollen. Dieser Wille eben ist jene „Wahrhaftigkeit", zu der die Tradition selber erzogen hat. Man versteht nun, was der späte Nietzsche in diesem Zusammenhang meint.

Freilich ist der Schüler Nietzsche zu dieser Einsicht in die Tradition bei weitem noch nicht gekommen. Daß er im Grunde aber schon in dieser Weise zu denken begonnen hat, kann man folgenden Sätzen entnehmen:

Durch den Glauben selig werden heißt nichts anderes als die alte Wahrheit, daß nur das Herz, nicht das Wissen glücklich machen kann. Daß Gott Mensch geworden ist, weist nur darauf hin, daß der Mensch nicht im Unendlichen seine Seligkeit suchen soll, sondern auf der Erde seinen Himmel gründe; der Wahn einer überirdischen Welt hatte die Menschengeister in eine falsche Stellung zu der irdischen Welt gebracht: er war das Erzeugniß einer Kindheit der Völker. Die glühende Jünglingsseele der Menschheit nimmt diese Ideen mit Begeisterung hin und spricht ahnend das Geheimniß aus, das zugleich auf der Vergangenheit in die Zukunft hinein wurzelt, daß Gott Mensch geworden. Unter schweren Zweifeln und Kämpfen wird die Menschheit männlich: sie erkennt in sich „den Anfang, die Mitte, das Ende der Religion".[28]

Schwere Zweifel und Kämpfe gegen die christliche Tradition erheben sich nun in ihm. Und schon etwa ein Jahr später wird seine

---

[27] Nishitani Keiji, Der Nihilismus, Tokio 1949, S. 231.
[28] A Bd. 2, Nur die christliche Anschauungsweise..., S. 63.

Auffassung, daß Gott Mensch geworden ist, daß also der Mensch seinen Himmel auf dieser Erde gründen soll, wieder fraglich. Er steht nun vor einem schweren Entweder-Oder, nämlich: Gott oder die Welt? In einem Aufsatz, den er zum Schulabschluß in Pforta schrieb, endet er den Rück- und Ausblick seines Lebens mit der Frage:

Vielleicht wird es Zeit, selbst die Zügel der Ereignisse zu greifen und in das Leben hinauszutreten. Und so entwächst der Mensch allem, was ihn einst umschlungen; er braucht nicht die Fesseln zu sprengen, sondern unvermutet, wenn ein Gott es gebeut, fallen sie ab; und wo ist der Ring, der ihn endlich doch umfaßt? Ist es die Welt? Ist es Gott?[29]

Gott ist der Schöpfer alles Seienden. Die Welt ist alles, was ist. Ist die Welt selber dann nicht schon göttlich? In welchem Bezug stehen Gott und die Welt? Wie soll der Mensch diesen Dualismus überwinden?

Nach eineinhalb Jahren fragt Nietzsche, jetzt Theologiestudent an der Bonner Universität, weiter:

Nach der gläubigen Ansicht ist Gott als Lebensgrund und Hüter der Weltgeschichte berechtigt, ja genöthigt, in ihren Gang unmittelbar einzugreifen. Nach dieser Hinsicht ist die Welt entgottet, aber unterworfen willkürlichen göttlichen Einwirkungen. Wird nicht Gott dadurch in den Bann der Zeit gethan? Ist ein solches Getrenntsein von Welt und Gott philosophisch zu begründen?[30]

Und über das Leben Jesu, des Sohnes Gottes:

Eine seltsame Erscheinung, daß ein ganz epochales Leben je nach dem Standpunkt des Beurteilenden vollständig in etwas je Verschiedenes zerfließt. Kein Ergebniß hält fast stand.[31]

In bezug auf die Auferstehungslehre wendet sein Fragen sich dann Paulus zu. Paulus behauptet, es gebe einen natürlichen und einen

---

[29] Mein Leben. Diesen Schulaufsatz, insbesondere diesen 'Ring' erwähnt Heidegger in Hinsicht auf die Entstehung der Wiederkunftslehre. S. dazu Martin Heidegger, Nietzsche 2 Bde., Pfullingen 1961, Bd. I, S. 259 ff.
[30] A Bd. 3, Zum Leben Jesu (1865), S. 101.
[31] Ibid.

geistigen Leib Gottes; jener sei das irdische, dieser das himmlische Bild Gottes und habe kein Fleisch und Blut, denn „das Verwesliche kann nicht erben das Unverwesliche". Jesu Leib ist also, schreibt Nietzsche, „nach der Auferstehung ein himmlischer, geistiger, ohne Fleisch und Blut und unvergänglich, das Gegenteil des natürlichen, nach dem Gesetz von Natur und Gott. Folglich ist Jesus ein Gespenst."[32]

Etwa in dieser Zeit, vermutlich einige Monate später, äußert er diesen Gedanken in einem Brief an seine Schwester, zwar etwas förmlich und schulmeisterlich, ganz der große Bruder, aber doch sehr klar. Darin wird einsichtig, warum und wozu er so radikal fragen und zweifeln muß, was ihn zu solchem Fragen treibt:

Kommt es darauf an, die Anschauung über Gott, Welt und Versöhnung zu bekommen, bei der man sich am bequemsten befindet, ist nicht vielmehr für den wahren Forscher das Resultat seiner Forschung geradezu etwas Gleichgültiges? Suchen wir denn bei unserem Forschen Ruhe, Friede, Glück? Nein, nur die Wahrheit, und wäre sie höchst abschreckend und häßlich?

Hier scheiden sich nun die Wege der Menschen: Willst Du Seelenruhe und Glück erstreben, nun so glaube, willst Du ein Jünger der Wahrheit sein, so forsche. Dazwischen gibt es eine Menge halber Standpunkte. Es kommt aber auf das Hauptziel an.[33]

Hier muß daran erinnert werden, was Nietzsche zu diesem radikalen Fragen veranlaßt oder angespornt hat, nämlich die mächtige Strömung, die seit der Renaissance in Gestalt der positivistischen und philologischen Bibelkritik und der anthropologischen Auslegung des Christentums in unterschiedliche Richtungen gelenkt wurde. Insbesondere haben Werke der ersten Hälfte des 19. Jahrhunderts wie „Das Leben Jesu" von David Friedrich Strauß (1835–36), „Das Wesen des Christentums" von Ludwig Feuerbach (1842), „Das entdeckte Christentum" von Bruno Bauer (1843) auf den jungen Nietzsche, wenn auch nicht unmittelbar, so doch indirekt gewirkt[34]. Seine Tagebücher und Briefe, auch zeitgenössische Berichte,

---

[32] A Bd. 3, Zur Auferstehungslehre (1865), S. 102.
[33] Brief an die Schwester, 11.1.1865.
[34] S. dazu: Ernst Benz, Nietzsches Ideen zur Geschichte des Christentums und der Kirche, Leiden 1956. – Karl Löwith, Von Hegel zu Nietzsche,

zeugen davon. In diesem Sinne steht er überhaupt nicht außerhalb der europäischen Geistesgeschichte. Was ihn aber im tiefsten Grunde zu jenem Fragen zwingt, ist nicht allein die Tendenz der Zeit, sondern vielmehr der ihm von Kind auf eigene Wille zur Wahrheit, wie er ihn in dem oben zitierten Brief ausdrücklich nennt. Dieser Wille „um jeden Preis" hat Konsequenzen bis zum Ende seines Lebens, wiewohl Nietzsche sich später etwa anders und ironisch dazu geäußert hat. Und dieser sein Wille zur Wahrheit, diese seine Wahrhaftigkeit spürt hinter all dem Herkömmlich-Festen etwas Frag-Würdiges, etwas Nichtiges, etwas Abgründiges.

Wer einmal einen Blick in sein letztes Werk, „Der Antichrist", wirft, kann sehen, wie die anfänglichen Fragen zum Christentum, zum christlichen Dualismus, zur Person Jesus Christus, zur Bedeutung von Paulus in der Geschichte der christlichen Kirche etc. nun mit äußerster Konsequenz durchdacht sind, und zwar unter Perspektiven, die beim jungen Nietzsche noch den Anschein bloßer Widersprüche hatten. Hier stellt er einerseit das ganze Christentum als entartetes Leben, Décadence, als eine Form des Nihilismus fest, andererseits unterscheidet er jedoch streng zwischen der Person Jesu Christi und der christlichen Kirche in der Geschichte; dem Leben in der Liebe, wie Jesus es lehrt, und der „kirchlich dogmatischen Falschmünzerei" des Paulus:

Das Wort schon „Christentum" ist ein Mißverständnis –, im Grunde gab es nur Einen Christen, und er starb am Kreuz. Das Evangelium starb am Kreuz.[35]

Es ist Paulus, der diesem Tod am Kreuz einen besonderen Sinn hinzufügt und all das befohlen hat, „was Christus verneint hat". Damit hat Paulus das Christentum gegründet. Das wahre Leben in der Liebe, das Jesus Christus, diese psychologisch als „Idiot" – wie die Romanfigur bei Dostojekwskij – aufzufassende Person[36], lehrt:

Stuttgart 1941. – Karl Jaspers, Nietzsche und das Christentum, München 1952.

[35] B Der Antichrist, S. 237.
[36] Über die Frage, ob Nietzsche den Roman von Dostojewskij gelesen hat, s. das in Anm. 34 genannte Buch von Jaspers, S. 20 ff.

Es wird nicht verheißen, es ist da, es ist in *euch*: als Leben in der Liebe ohne Abzug und Ausschluß, ohne Distanz. Jeder ist das Kind Gottes – Jesus nimmt durchaus nichts für sich allein in Anspruch –, als Kind Gottes ist jeder mit jedem gleich.[37]

Doch Paulus verfälscht dieses Leben zum „Verheißenen" und verdirbt die anfängliche Lehre Jesu. Mit einem Wort: „Deus, qualem Paulus creavit, dei negatio"[38]. Was ihn dazu treibt, meint Nietzsche, sei seine „Rachsucht", er sei „der größte aller Apostel der Rache"[39].

Wir wollen vorläufig nicht fragen, ob diese Kritik, besser gesagt, diese Polemik Nietzsches zu recht besteht, auch nicht, welche Bedeutung sie im Denken Nietzsches oder in der Geistesgeschichte Deutschlands bzw. Europas hat. Wir wollen lediglich feststellen, daß Ansätze zu dieser Kritik schon beim zwanzigjährigen Nietzsche deutlich werden; daß das, was damals ein Zweifeln, ein Fragen war, im Jahre 1888 Urteil und Verurteilung geworden ist; daß das anfängliche Fragen auf vorbestimmter Bahn geradewegs aufs Ziel hin gegangen ist.

(4)

Wir kommen noch einmal auf „Fatum und Geschichte" zurück. In diesem kleinen, kaum siebenseitigen Aufsatz erwähnt der junge Nietzsche, nachdem er das Christentum mit einem großen Fragezeichen versehen hat, Gedanken, die sich später grandios entfalten sollten, nur flüchtig, fast spielerisch, als ahnte er noch nicht einmal deren folgenschwere Bedeutung. Einige von ihnen sollen hier vorgestellt werden:

1. Über die Moral

Die Moralfrage, die von „Über Wahrheit und Lüge im außermoralischen Sinn" durch „Jenseits von Gut und Böse" und „Zur Genealogie der Moral" bis zu den letzten Werken verfolgt, durchdacht und immer schärfer ausgearbeitet werden sollte, ist schon hier im Keim sichtbar. Man findet Sätze wie:

[37] B Der Antichrist, S. 224.
[38] Ibid. S. 252.
[39] Ibid. S. 250.

Wie die Sitte als ein Ergebniß einer Zeit, eines Volkes, einer Geistesrichtung dasteht, so ist die Moral das Resultat einer allgemeinen Menschheitsentwicklung. Sie ist die Summe aller Wahrheiten für unsere Welt; möglich, daß sie in der unendlichen Welt nicht mehr bedeutet, als das Ergebniß einer Geistesrichtung in der unsrigen: möglich, daß aus dem Wahrheitsresultat der einzelnen Welten sich wieder eine Universalwahrheit entwickelt!

Schon hier denkt der junge Nietzsche über die Relativität der Moral nach.

2. Über die darwinistisch-positivistische Entwicklungstheorie

Seine späteren entwicklungstheoretischen, positivistischen Gedanken, die besonders in der mittleren Periode zum Vorschein kommen, sowie Zarathustras Auffassung vom Menschen, der Mensch sei „das noch nicht festgestellte Tier", „etwas, das überwunden werden soll", er sei „die Brücke zum Übermenschen", diese Gedanken nimmt Nietzsche bereits vorweg, wenn er schreibt:

Wissen wir doch kaum, ob die Menschheit selber nicht nur eine Stufe, eine Periode im allgemeinen, im Werdenden ist, ob sie nicht eine willkürliche Erscheinung Gottes. Ist nicht vielleicht der Mensch nur eine Entwicklung des Steines durch das Medium Pflanze, Thier? Wäre hier schon eine Vollendung erreicht und läge hierin nicht auch Geschichte? Hat dieses ewige Werden nie ein Ende? Was sind die Triebfedern dieses großen Uhrwerkes? Sie sind verborgen, aber sie sind dieselben in der großen Uhr, die wir Geschichte nennen. Das Zifferblatt sind die Ereignisse. Von Stunde zu Stunde rückt der Zeiger weiter, um nach Zwölfen seinen Gang von neuem anzufangen; eine neue Weltperiode bricht an.

Betrachtet man die zweite Hälfte des Zitates im Zusammenhang mit der Stelle in „Willensfreiheit und Fatum", die lautet:

Der Hindu sagt: Fatum ist nichts als die Thaten, die wir in einem früheren Zustande unseres Seins begangen haben.[40]

und im Zusammenhang mit jenem „Ring" in „Mein Leben", dessen Ende wir oben zitiert haben, dann ist zu vermuten, daß Nietzsche der Gedanke der ewigen Wiederkunft des Gleichen – trotz des einmaligen Erlebnisses in Sils Maria – von vornherein nicht fremd war.

---

[40] A Bd. 2, Willensfreiheit und Fatum, S. 60–62.

3. Über den Sozialismus bzw. den Kommunismus

Bereits in dieser Zeit macht Nietzsche in bezug auf die menschliche Entwicklung abschätzige Äußerungen über den Sozialismus bzw. Kommunismus:

> Es ist deshalb eine Beschränktheit, der ganzen Menschheit irgendeine spezielle Form des Staates oder der Gesellschaft gleichsam mit Stereotypen aufdrucken zu wollen; alle socialen und communistsichen Ideen leiden an diesem Irrtum. Denn der Mensch ist nie derselbe wieder; sobald es aber möglich wäre, durch einen starken Willen die ganze Weltvergangenheit umzustürzen, sofort träten wir in die Reihe unabhängiger Götter ...

Daß Nietzsche der wissenschaftliche Sozialismus oder Marxismus ganz und gar unbekannt und fremd blieb (was erstaunlich ist, wenn man sich einmal die Daten der wichtigen Ereignisse in der europäischen Geschichte des 19. Jahrhunderts vor Augen hält[41]), darauf weist Georg Lukács, sich auf Franz Mehring berufend, hin: „Meh-

---

[41] S. dazu ausführlicher: Karl Löwith, Von Hegel zu Nietzsche, oder auch folgende Zeittafel:

1806 Goethe: Faust I, und Hegel: Phänomenlogie des Geistes
1831 Goethe: Faust II
1841 Marx: Dissertation: Über Demokrit und Epicur
     Kierkegaard: Über den Begriff der Ironie
1842 Feuerbach: Das Wesen des Christentums
     Comte: Cours de philosophie positive
1843 Hölderlins Tod
     Bruno Bauer: Das entdeckte Christentum
     Kierkegaard: Entweder-Oder
     Marx: Kritik der Hegelschen Philosophie
1844 Max Stirner: Der Einzige und sein Eigentum
1847 Marx/Engels: Das kommunistische Manifest
1863 Joseph-Ernst Renan: Vie de Jésus
1864 Die erste Internationale
1867 Marx: Das Kapital I
1868 Jacob Burckhardt: Weltgeschichtliche Betrachtungen
1871 Pariser Kommune
1875 Gründung der Sozialistischen Arbeiterpartei
1878 Bismarcks Sozialisten-Gesetz
1880 Dostojewskij: Die Brüder Karamasoff

ring weist mit vollem Recht darauf hin, daß Nietzsches Argumente gegen den Sozialismus nie das Niveau der Leo, Treitschke usw. übersteigen"[42]. Nur darf man nicht vergessen, daß Nietzsches Äußerungen gegen den Sozialismus immer von seinem eigenen Standort her zu verstehen sind, d.h. gegen die Verkleinerung, Nivellierung, Verflachung des Menschen gerichtet sind. Aus seiner Sicht ist auch der Sozialismus eine Erscheinungsform solch schlimmer Zeittendenzen. Insofern hat er für Nietzsche auch etwas vom christlichen Denken her Bestimmtes, eine Auffassung, die er später äußert[43]. Auch sie ist hier schon vorweggenommen.

(5)

Der junge Nietzsche schreibt in den beiden Aufsätzen „Fatum und Geschichte" und „Willensfreiheit und Fatum":

Der freie Wille erscheint als das Fessellose, Willkürliche; er ist das unendlich Freie, Schweifende, der Geist. Das Fatum aber ist eine Notwendigkeit, wenn wir nicht glauben sollen, daß die Weltgeschichte ein Traumsirren, die unsäglichen Wehen der Menschheit Einbildungen, wir selbst Spielbälle unserer Phantasien sind. Fatum ist die unendliche Kraft des Widerstandes gegen den freien Willen; freier Wille ohne Fatum ist ebenso wenig denkbar, wie Geist ohne Reelles, Gutes ohne Böses. Denn erst der Gegensatz macht die Eigenschaft.

Das Fatum predigt immer wieder den Grundsatz: „Die Ereignisse sind es, die die Ereignisse bestimmen." Wäre dies der einzige wahre Grundsatz, so ist der Mensch ein Spielball dunkel wirkender Kräfte, unverantwortlich für

---

[42] Georg Lucács: Die Zerstörung der Vernunft, Berlin 1955, S. 251.

[43] Lucács schreibt in dem oben genannten Buch: „Der Grundgedanke ist klar, aus dem Christentum entsteht die französische Revolution, aus dieser die Demokratie, aus dieser der Sozialismus. Wenn er [Nietzsche] also als Antichrist auftritt, will er in Wahrheit den Sozialismus vernichten" (S. 293). Aber dieses Argument ist auch rein logisch nicht richtig. Wenn L. die logische Konsequenz hätte ziehen wollen, hätte er doch wohl schreiben müssen: 'Wenn er sich also antisozialistisch verhält, will er in Wahrheit das Christentum vernichten.' Nietzsches „Hauptfeind" ist weder der Sozialismus noch der Kommunismus, noch die Arbeiterklasse, wie L. behauptet, sondern letzten Endes das christlich-europäische, d.h. das metaphysisch-moralische Denken.

seine Fehler, überhaupt frei von moralischen Unterschieden, ein notwendiges Glied in einer Kette.

Das gleiche schreibt er hinsichtlich der „verkehrt aufgefaßten christlichen Anschauung" über das Fatum:

Indem das Fatum dem Menschen im Spiegel seiner eigenen Persönlichkeit erscheint, sind individuelle Willensfreiheit und individuelles Fatum zwei sich gewachsene Gegner. Wir finden, daß die an ein Fatum glaubenden Völker sich durch Kraft und Willensstärke auszeichnen, daß hingegen Frauen und Männer, die nach verkehrt aufgefaßten christlichen Sätzen die Dinge gehen lassen wie sie gehen, da „Gott alles gut gemacht hat", sich von den Umständen auf eine entwürdigende Art leiten lassen. Überhaupt sind „Ergebung in Gottes Willen" und „Demut" oft nichts als Deckmäntel für feige Furchtsamkeit, dem Geschick mit Entschiedenheit entgegenzutreten.

Aber widersprechen sich Fatum und Willensfreiheit bzw. Denkfreiheit in jeder Hinsicht? Sind sie nicht einfach zwei einander gegenüberliegende Pole? Er fragt weiter:

In der Willensfreiheit liegt für das Individuum das Princip der Ansonderung, der Lostrennung vom Ganzen, der absoluten Unbeschränktheit; das Fatum aber setzt den Menschen wieder in organische Verbindung mit der Gesammtentwicklung, und nöthigt ihn, indem es ihn zu beherrschen sucht, zur freien Gegenkraftentwicklung; die fatumlose, absolute Willensfreiheit würde den Menschen zum Gott machen, das fatalistische Princip zu einem Automaten.

Wie aber kann, wie soll der Mensch, der weder Gott noch Automat ist, angesichts dieser Widersprüchlichkeit aufgefaßt werden? Gibt es denn keinen Weg, der zu einem Ursprung führt, wo alle Gegensätze und Widersprüche aufgehoben werden in ein noch nicht getrenntes Ganzes? Hier macht Nietzsche jenen Sprung, das Wagnis des Denkens, das später von ihm die Philosophie „des gefährlichen Vielleichts in jedem Verstande"[44] genannt werden sollte.

Vielleicht ist in ähnlicher Weise, wie der Geist nur die unendlich kleinste Substanz, das Gute nur die subtile Entwicklung des Bösen aus sich heraus sein kann, der freie Wille nichts als die höchste Potenz des Fatums [...]. Denn es muß noch höhere Principien geben, vor denen alle Unterschiede in eine große Einheitlichkeit zusammenfließen, vor denen alles Entwicklung, Stu-

---

[44] B Jenseits von Gut und Böse, S. 9.

fenfolge ist, alles einem ungeheuren Ozeane zuströmt, wo sich alle Entwicklungshebel der Welt wiederfinden, vereinigt, verschmolzen, all-eins.

Trotz des Durcheinanders verschiedener Ideen und Begriffe erkennen wir in diesen Jugendaufsätzen den Versuch, über allen Unterschieden, jenseits von Gut unnd Böse, von Fatum und Freiheit, einen alles vereinigenden und umfassenden Ursprung ausfindig zu machen. Unverkennbar ist das jugendliche Pathos des Fragens. Nietzsche sucht nach dem „all-eins", und hier sehen wir nun auch Heraklit in sein Denken eintreten, den er später mit Empedokles, Spinoza und Goethe „meine Vorfahren"[45] nennen wird.

Daß die Willensfreiheit die höchste Potenz des Fatums ist, bedeutet nichts anderes als das „Ego-Fatum"[46], einer der wichtigsten Gedanken in seinem Denken überhaupt. Er wird nämlich einmal schreiben:

In Wahrheit ist jeder Mensch ein Stück Fatum; wenn er (...) dem Fatum zu widerstreben meint, so vollzieht sich eben darin auch das Fatum; der Kampf ist eine Einbildung, aber ebenso jene Resignation in das Fatum; alle diese Einbildungen sind in das Fatum eingeschlossen.[47]

Deshalb muß man „an das Fatum glauben"[48], aber nicht nur passiv und wider Willen, gezwungenermaßen, denn „höchster Fatalismus ist doch identisch mit dem *Zufall* und dem *Schöpferischen*"[49]. Und nicht objektiv-kontemplativ, sondern willentlich, existenziell bejahen, daß Ego Fatum ist, das eben ist im Sinne Nietzsches *Liebe*. Eben dies nennt er „amor fati". „Amor fati: das sei von nun an meine Liebe!" Das Fatum annehmen, das Notwendige bejahen, das ist buchstäblich die „Wende der Not"[50]. Diese willentliche Entscheidung zeigt die „Größe am Menschen". Jenes Kapitel, dessen einen Teil wir im Blick auf die These „wie man wird, was man ist" am Anfang zitiert haben, schließt mit dem folgenden Satz:

---

[45] B Unschuld des Werdens II, S. 447.
[46] Ibid. S. 99.
[47] B Menschliches, allzumenschliches II, S. 208.
[48] Ibid. S. 153.
[49] B Unschuld des Werdens II, S. 492.
[50] B Also sprach Zarathustra, S. 247.

Meine Formel für die Größe am Menschen ist amor fati: daß man nichts anders haben will, vorwärts nicht, rückwärts nicht, in alle Ewigkeit nicht. Das Notwendige nicht bloß tragen, noch weniger verhehlen – aller Idealismus ist Verlogenheit vor dem Notwendigen –, sondern *es lieben* ...[51]

Und genau dies heißt bei Nietzsche *dionysisch*: „Dionysisch zum Dasein stehn –: meine Formel dafür ist amor fati."[52]

Wir müssen uns aber davor hüten, alle Gedanken des späteren Nietzsche in seine noch nicht ausgereiften Jugendschriften hineinzudeuten, in denen noch nicht die Rede sein kann von einem tiefen, philosophischen Denken. Allerdings ist der Beginn eines solchen Denkens, der Anfang seines Fragens, in diesen Schriften bereits deutlich zu erkennen. Seine volle Bedeutung wird aber erst im Zusammenhang mit dem Denken Nietzsches insgesamt klar. Der Nietzsche in den 80er Jahren schreibt, wichtiger noch als die Wahrheit sei „der Wille zu Prüfung, Forschung, Vorsicht, Versuchung"[53]. Der junge Nietzsche *sagt* das zwar noch nicht, hat es wohl aber bereits an sich selber erfahren. Mit anderen Worten: Die These, „wie man wird, was man ist", bezeugt sich erst durch das Leben. Und so kann er erst später auf die Frage, was er eigentlich sei, antworten: Ich bin Fragen, Versuchen selbst. Vom Fragen weiß man nie, wohin es einen führt, und weiß auch nicht, was es in einem selbst bewirkt, ist es doch reines Wagnis. Das „wie" muß gewagt, erlebt werden. Erst dann kann man behaupten, daß man geworden ist, was man war.

Nietzsches Antwort lautet: Ich bin „der vollkommene Nihilist Europas, der aber den Nihilismus selbst schon in sich zu Ende gelebt hat, – der ihn hinter sich, unter sich, außer sich hat"[54]. Und er wird „den großen Mittag", „die große Bejahung" und auch die Überwindung des Nihilismus durch diesen selbst lehren. Unsererseits gilt es zu fragen, ob Nietzsche den Nihilismus völlig überwunden hat, ob seine Bejahung tatsächlich absolute Bejahung geworden ist, ob er wirklich „den Boden für ein neues Weltdenken" gewonnen hat. Und noch eine Frage müssen wir stellen, nicht ihm, sondern uns selbst:

---

[51] B Ecce homo, S. 335.
[52] B Wille zur Macht, S. 690.
[53] Ibid. S. 314.
[54] Ibid. S. 4.

Was für einen Sinn hat Nietzsches Fragen *für uns*, für uns Japaner, denen noch bis vor hundert Jahren das griechische Denken, der römische Geist des Gesetzes und der christliche Glaube, d. h. die Grundlagen des europäischen Denkens, ganz und gar fremd waren? Unser eigenes Fragen wird herausgefordert.

Das Fragen des zwanzigjährigen Nietzsche richtet sich auf einen noch namenlosen Ursprung, ihm gilt sein ganzes Suchen. Der reife Nietzsche, der „religiöse Atheist"[55] und „der frömmste aller derer, die nicht an Gott glauben"[56], nennt diesen Ursprung dann „Dionysos". Der junge Nietzsche gibt ihm den Namen „Unbekannter Gott".

> Noch einmal eh ich weiter ziehe
> Und meine Blicke vorwärts sende
> Heb ich vereinsamt meine Hände
> Zu dir empor, zu dem ich fliehe,
> Dem ich in tiefster Herzenstiefe
> Altäre feierlich geweiht
> Daß allezeit
> Mich seine Stimme wieder riefe.
> Darauf erglüht tiefeingeschrieben
> Das Wort: Dem unbekannten Gotte:
> Sein bin ich, ob ich in der Frevler Rotte
> Auch bis zur Stunde bin geblieben:
> Sein bin ich – und ich fühl' die Schlingen,
> Die mich im Kampf darniederziehn
> Und, mag ich fliehn,
> Mich doch zu seinem Dienste zwingen.
>
> Ich will dich kennen Unbekannter,
> Du tief in meine Seele Greifender,
> Mein Leben wie ein Sturm durchschweifender
> Du Unfaßbarer, mir Verwandter!
> Ich will dich kennen, selbst dir dienen.[57]

---

[55] Georg Lukács, Die Zerstörung der Vernunft, S. 280.
[56] B Also sprach Zarathustra, S. 286.
[57] A Werke Bd. 2, S. 428, August 1864, unvollendet.

DRITTES KAPITEL

SPRACHE UND DENKEN

Nicht „ich denke", sondern „es denkt".

(1) Die ironische Relativierung des Ichs

In der hochindustrialisierten Gesellschaft haben wir durch das perfekte System der Technik einen Überfluß an Informationen. Man weiß, was in diesem Augenblick in Kolumbien, in Afrika, in Nordkorea geschieht, gar im nächsten Augenblick geschehen wird. Und man diskutiert leidenschaftlich über dieses und jenes. Die Wichtigkeit, ja die Notwendigkeit von Diskussionen ist in der heutigen Gesellschaft allgemein anerkannt, und so spricht man immer und überall viel und energisch, in Sitzungen, Gesprächen, Debatten. Man könnte geradezu mit Shakespeare klagen: „Words, words, mere words" (Troilus and Cressida V, 3).

Trotz der Informations- und Gesprächsüberschwemmung scheinen jedoch die zwischenmenschlichen Beziehungen immer schwächer und lockerer zu werden, die Einsamkeit der Menschen immer größer und tiefer. Die „einsame Masse" vereinsamt trotz des herzlichen Wunsches und der verzweifelten Suche nach einem anderen immer mehr: in der Familie (vor dem Fernsehen), auf der Straße, bei Veranstaltungen, am Arbeitsplatz.

Einerseits wird die Notwendigkeit der Solidarität aller Nationen und Völker immer wieder betont und sogar zuweilen, wie es scheint, verwirklicht, andererseits versucht die Wissenschaft alle möglichen Gründe für die Vereinsamung und Entfremdung zwischen den Menschen zu erforschen und zu analysieren. Je genauer und systematischer die wissenschaftliche Forschung jedoch vorgeht, desto ohnmächtiger und ineffektiver erscheinen ihre Forschungsergebnisse angesichts der Wirklichkeit. Denn die Herzlichkeit eines Nachbarn, eines Freundes, die Wärme in einer menschlichen Beziehung kann von der Wissenschaft ja nicht „produziert" werden. So spricht man, redet, forscht und analysiert man immerfort, aber mir scheint, man redet aneinander vorbei, man spricht ins Leere.

Wie kommt es zu dieser wachsenden Vereinsamung, trotz all der Gespräche und Informationen? Könnte es sein, daß der heutige Mensch etwas Wichtiges, vielleicht sogar das einzig Wichtige in den menschlichen Beziehungen verlernt und vergessen hat, nämlich den anderen zu hören, ihm zuzuhören? Immerfort und überall heißt es: Ich, Ich, Ich! Aber wen spricht dieses „Ich" an? Doch niemand anderen als das „Du". Wo aber ist dieses „Du", das dem Ich (d. h. mir) zuzuhören bereit ist? Leicht könnte man vergessen, daß das Du, um mit Martin Buber zu sprechen, dieses Ich erst verwirklicht. Es wäre also zunächst einmal zu fragen, ob dieses Ich, dieses grammatische Subjekt, so selbständig, selbstverständlich und selbstsicher ist, wie man gewöhnlich meint.

Lassen wir uns auf diese Frage behutsam ein, indem wir auf ein Wort Nietzsches hören. Er sagt einmal, daß diese vermeintliche Selbstverständlichkeit des Ichs lediglich aus der „Verführung der Worte" oder aus „grammatischer Gewohnheit" oder gar aus dem „Glauben an die Grammatik" stamme. Wir zitieren aus „Jenseits von Gut und Böse" (§ 17):

Was den Aberglauben der Logiker betrifft: so will ich nicht müde werden, eine kleine kurze Tatsache immer wieder zu unterstreichen, welche von diesen Abergläubischen ungern zugestanden wird, – nämlich, daß ein Gedanke kommt, wenn 'er' will, und nicht, wenn 'ich' will, so daß es eine Fälschung des Tatbestandes ist zu sagen: das Subjekt 'ich' ist die Bedingung des Prädikats 'denke'. Es denkt: aber daß dies 'es' gerade jenes alte berühmte 'Ich' sei, ist, milde geredet, nur eine Annahme, eine Behauptung, vor allem keine 'unmittelbare Gewißheit'. Zuletzt ist schon in diesem 'es denkt' zu viel getan: schon dies 'es' enthält eine Auslegung des Vorgangs und gehört nicht zum Vorgange selbst. Man schließt hier nach der grammatischen Gewohnheit, 'Denken ist eine Tätigkeit, zu jeder Tätigkeit gehört einer, der tätig ist'.

An dieser Stelle darf ich etwas aus eigener Erfahrung beitragen. Als ich in meiner Studentenzeit zum ersten Mal eine Vorlesung über die europäische Philosophiegeschichte der Neuzeit hörte, und zwar über das berühmte „cogito ergo sum" von Descartes, da brach in mir wie von selbst die Frage auf: Warum eigentlich „cogito" (= ich denke) und nicht „cogitare" (= denken als Infinitiv)? Warum „sum"

(= ich bin) und nicht „esse" (= sein)? Ist das Subjekt der 1. Person Singular, das sich in der Endung als „cogito" und „sum" zeigt, einfach vorauszusetzen? Darf man „*sich*" denn ohne weiteres mit dem „Subjekt" identifizieren, wenn sich ein Akt des Denkens ereignet? Und was heißt: Der Akt ereignet sich „*in* mir"? Wer oder was kann aufgrund welcher Sicherheit dieses Subjekt „Ich" erkennen und anerkennen?

Solche Fragen mögen Europäern vielleicht völlig unverständlich sein und verwunderlich vorkommen. Ein Japaner muß sie jedoch stellen.

Kehren wir zu Nietzsche zurück, der eine eigenartige Ironie dem System der Grammatik gegenüber äußert. Er geht noch einen Schritt weiter:

Ist es denn nicht erlaubt, gegen Subjekt, wie gegen Prädikat und Objekt, nachgerade ein wenig *ironisch* zu sein? Dürfte sich der Philosoph nicht über die Gläubigkeit an die Grammatik erheben? Alle Achtung vor den Gouvernanten: aber wäre es nicht an der Zeit, daß die Philosophie dem Gouvernanten-Glauben absagte? (§ 34)

Für den Altphilologen Nietzsche liegt das Denkschema „Subjekt-Objekt", anders gesagt, die „Subjekt-Objekt-Spaltung", die uns unvermeidbar erscheint, *als solche nicht im Wesen des Denkens* bzw. der Sprache, sondern, wie er meint, in einer der indogermanischen Sprachfamilie gemeinsamen Sprach- und (damit!) Denkregel. Ein Philosoph, versteht man ihn als ursprünglich Denkenden, dürfte sich also nicht so ohne weiteres dem „Glauben an die Grammatik" ausliefern, denn in anderen Sprachfamilien könnte es ja andere Möglichkeiten des Denkens und Sprechens geben:

Die wunderliche Familienähnlichkeit alles indischen, griechischen, deutschen Philosophierens erklärt sich einfach genug. Gerade, wo Sprach-Verwandtschaft vorliegt, ist es gar nicht zu vermeiden, daß, dank der gemeinsamen Philosophie der Grammatik – ich meine, dank der unbewußten Herrschaft und Führung durch gleiche grammatische Funktionen – von vornherein alles für eine gleichartige Entwicklung und Reihenfolge der philosophischen Systeme vorbereitet liegt: ebenso wie zu gewissen anderen Möglichkeiten der Welt-Ausdeutung der Weg wie abgesperrt erscheint: Philosophen des uralaltaiischen Sprachbereichs (in dem der Subjekt-Begriff am schlechtesten entwickelt ist) werden mit großer Wahrscheinlichkeit anders 'in die Welt' blicken und auf anderen Pfaden zu finden sein, als Indogermanen oder Muselmänner ... (§ 20)

Soweit wir wissen, besteht jedoch z.B. zwischen der deutschen und der indischen Denkweise ein nicht eben leicht zu überbrückender Unterschied. Allerdings wagen wir nicht zu beurteilen, ob in *allen* uralaltaiischen Sprachen der Subjekt-Begriff, wie Nietzsche behauptet, „am schlechtesten entwickelt" ist. Sprachwissenschaftlich steht noch nicht fest, ob die japanische Sprache zu der ural-altaiischen Familie gehört. Neuesten Forschungen zufolge ist dies aber zu vermuten. Eines ist jedoch gewiß: In der japanischen Sprach- und Denkform ist der Subjekt-Begriff in der Tat sehr schlecht entwickelt; wobei „schlecht" im Sinne Nietzsches „wertungsfrei" bedeutet und das Wort „entwickelt" *nicht* vom progressiv-technischen Entwicklungsbegriff her ausgelegt werden darf. Sowohl der Form wie dem gemeinten Inhalt nach spielt das Subjekt in der japanischen Sprache – verglichen mit den europäischen Sprachen – eine geringere Rolle. Daher werden wir im nächsten Schritt zu erklären versuchen, ob und weshalb ein Japaner „anders in die Welt blickt und auf anderen Pfaden zu finden ist" als ein Indogermane.

(2) Sprache ohne Subjekt?

1. Die Beziehung von Ich und Du als Situations-Gestalt „*vor*" Ich „*und*" Du.

Ich möchte von einer persönlichen Erfahrung ausgehen. Einmal saßen ein deutscher Freund, seine Frau (eine Iranerin), eine Japanerin und ich beim Mittagessen in einem Restaurant in Heidelberg. Mein deutscher Freund fragte mich neugierig lächelnd: „Sag mal, wie spricht man denn in Japan eine Liebeserklärung aus?" Ich antwortete, es gebe keine festen Formeln dafür; man sage unter Umständen: „Der Mond ist heute abend besonders schön", oder „Die ganze Welt ist nur für uns beide". Auf jeden Fall sagt man nicht: 'Ich liebe dich', wie in Europa. Liebe sei ja nicht eine Sache, die man wie einen Krieg „erklären" müsse. Man erfahre und spüre, ob einer den anderen liebe. Die Sprache spreche daher direkt aus dem Ereignis.

Mein Freund war ganz verdutzt. Daraufhin sagte die Japanerin (eine junge Frau, sehr europäisch gebildet, aber vielleicht doch nicht so durchgängig, wie sie selber meinte): „Sie irren sich, Herr Okochi, wir sagen doch 'ich liebe dich'. Sie sprechen noch die Sprache der älteren Generation. Bei uns Jungen ist es anders." Da erwiderte ich: „Sprechen Sie doch bitte Ihr 'ich liebe dich' einmal japanisch aus und versuchen Sie, es wörtlich ins Deutsche zu übersetzen!" Da sagte sie: „Aishiteruyo". Ich fragte gleich nach: „Und was heißt das auf deutsch?" Erstaunt über sich selbst antwortete sie: „Das heißt einfach: *lieben*." – Also doch nicht „*Ich* liebe *dich*"; weder „ich" noch „dich"; nicht einmal eine die Person bezeichnende Endung am Verbum! – Da fragte mein Freund, ein Philologe: „Aber wie versteht man denn dann, *wer wen* liebt? Ist der Infinitiv „lieben" ohne Subjekt überhaupt konkret vollziehbar? Da können doch die fatalsten Mißverständnisse vorkommen. Die Subjekte scheinen ganz in dem „Überhaupt-Lieben" zu verschwinden!" Ich sagte: „Keineswegs! Denn wer wagt denn im Menschengedränge, auf der Straße, überhaupt eine Liebeserklärung zu machen? Das geschieht doch nur von Angesicht zu Angesicht. Die Gegenwart, die Beziehung trägt und schenkt das Aug in Auge. Das Ereignis der Liebe selbst befreit Ich und Du ins Erwachen, und gerade als Erwachte sind Ich und Du nicht nur für sich ausgegrenzte Subjekte, sondern sie sind in und als Beziehung. Die Sprache und das Sprechen werden nicht zwischen den Subjekten lokalisiert, das Ereignis nicht ich-haft und punktuell festgestellt, so als könnte ich von außen her auf es blicken.

Ich darf noch erwähnen, daß die Frau meines Freundes bemerkte, im Persischen sage man auch nicht „ich liebe dich", sondern nur „liebe dich". Das sei jedoch kein Imperativ! (Ich verstand, daß das Lieben von-sich-aus im Grunde ein Vergessen des Ich beinhaltet und in der Selbstlosigkeit der Freiheit vollendet „da" ist.)

Das erörterte Beispiel mag uns dazu anregen, etwas intensiver der Sprachstruktur des Japanischen nachzugehen. Dabei tauchen drei für Europäer möglicherweise merkwürdige Charakteristika der japanischen Sprache auf:

a) Die sogenannten Personalpronomina, vor allem die der 1. und der 2. Person Singular sind kaum vorhanden, d.h. sie werden sehr selten verwendet. Es gibt sie zwar, jedoch qualitativ anders akzentuiert.

b) Man drückt sprachlich etwas häufig *ohne Subjekt*, manchmal auch ohne Objekt aus. Im Japanischen kann ein Satz ohne Subjekt ein vollständiger, in sich geschlossener Satz sein.
c) Im Japanischen ist die sprachliche Ausdrucksweise zutiefst mit der Situationsgestalt, der vorsprachlichen Struktur der Atmosphäre (nicht im physikalischen oder psychologischen, sondern im *ontologischen* Sinne) verbunden. Die atmosphärische Situation ist das tragende vorsprachliche Existenzial mitmenschlicher Beziehung. Die Sprachfigur hängt davon ab, was, wo, wann, in welcher Umwelt, unter welchen Bedingungen von wem zu wem gesprochen wird. Die besprochene „Sache" (keineswegs jedoch in der Bedeutung von *Objekt* im europäischen Verständnis des Wortes) steht im Vordergrund; das sprechende bzw. hörende Subjekt tritt zurück. Die Atmosphäre als Existenzial und elementare Sphäre des Daseins ermöglicht Reden und Hören, entläßt beides aus sich, ihrer ursprünglichen Einheit.

2. Das Problem des Personalpronomens[58]

Die sprachliche Äußerung in der indogermanischen Sprachform impliziert in gewisser Weise immer die Kennzeichnung des Sprechenden und des Angesprochenen als ein Gegenüber zweier Subjekte. Das Wort, in dem der Sprechende sich selbst nennt (und als Redender zeigt), heißt Personalpronomen der 1. Person (Einzahl); das Wort, in dem er den Gesprächspartner nennt, Personalpronomen der 2. Person (Einzahl). Ich spricht sich auf Du hin aus, d. h. Ich spricht Du an (und umgekehrt).

Wir wissen, daß die Form „Ich", aber auch „Du" (das erste von der Wurzel „ego", das zweite von der Wurzel „tu") in allen indogermanischen Sprachen eine erstaunliche Konstanz aufweist. Ich-Identität und Du-Identität bleiben trotz der Abwandlungen des sprachlichen Ausdrucks fast unverändert. Dieses Phänomen gehört für Europäer wohl zum Selbstverständlichsten von der Welt. Für den Japaner hingegen ist das eine ganz erstaunliche Tatsache, denn in der japanischen Sprache verhält es sich völlig anders.

---

[58] S. dazu: Suzuki Takao: Kotoba to Bunka (Sprache und Kultur), Tokyo 1981 (13).

Schon die Vielzahl und „Kurzlebigkeit" japanischer Personalpronomina fällt auf. Für die Ich-Form gibt es im Japanischen über zehn verschiedene Worte: Watakushi, Watashi, Washi, Ore, Wagahai, Yo, Boku, Uchi, Temae usw. Desgleichen gibt es für „Du" (bzw. „Sie") auch über zehn Worte: Kimi, Omae, Anata, Sochira, Nanji, Kisama usw. Ungeachtet der Vielfalt der Formen haben die jeweiligen Personalpronomina jedoch nur eine kurze Geschichte. So verwendet man die Worte: Watakushi, Boku, Kimi, Omae erst seit etwa einem Jahrhundert als *Personalpronomina*, obwohl sie schon seit langem vorhanden waren und in anderen sprachlichen Zusammenhängen benutzt wurden.

Hieraus wird deutlich, daß in der japanischen Sprachgeschichte die Personalpronomina der 1. und 2. Person wechseln. Sie werden immer wieder durch andere Wörter ersetzt. Außerdem ist zu beachten, daß fast alle Wörter, die von neuem als Personalpronomina eingeführt werden, ursprünglich eine konkret-substantivische Bedeutung hatten, d.h. „Beziehungen", Strukturen des Verhaltens, Situationen anzeigten.

Boku z.B. (ein Wort für „Ich", aber nicht im Sinne der Ich-Identität) bedeutet ursprünglich „Untertan", Knecht, im Gegensatz zum Herrn oder der Obrigkeit, war also Ausdruck für eine spezifische „Situation", für ein Zeichen, das diese – europäisch gesprochen – eigentümliche Ich-Form gleichsam aus sich entläßt, jedoch nicht subjekthaft von ihr organisiert und verwaltet wird.

Watakushi (ebenfalls eine Figur von „Ich") meint soviel wie das „Persönliche" oder „Private" im Gegensatz zur „Öffentlichkeit", aber so, daß sie das Persönliche gerade aus der Beziehung beider bestimmt, jedoch weder als Ergebnis eines Gegensatzes noch als Resultat einer Dialektik.

Beim Personalpronomen der 2. Person verhält es sich ähnlich. *Kimi* hieß ursprünglich „Herr" oder „Oberer"; *Oh-Kimi*, der große Herr, nannte man den Kaiser (Tenno).

Anata verwendet man heute als eine Höflichkeitsform des Du, d.h. großgeschrieben in der Bedeutung von „Sie". Von seinem ursprünglichen Sinn her sagt das Wort aber „dort", d.h. das Subjekt figuriert als Struktur eines Abstands, einer Distanz, die das Verhältnis als Beziehung der Höflichkeit umschreibt.

Omae trifft das deutsche Wort „du". Aber seine ursprüngliche Bedeutung ist „davor", oder, „vor Ihnen".

Anata und *Omae* sind also eigentlich Adverbien, die den „Ort" oder die „Richtung" aufzeigen, also indirekt auf die 2. Person hinweisen, das Umfeld, die Gestalt ihres Daseins artikulieren.

In der Familie z. B. spricht das Kind die Eltern nicht mit „du" an, sondern immer in der Form des Vokativs: „Vati!" oder „Mutti!"; bei einer Aussage (z. B. als Frage) wiederum ohne Personalpronomen: „Vati, *fahren* (nicht: fährst *du!*) morgen nach Deutschland ab?" oder: „Mutti, kommen und helfen bitte!"

Allerdings müssen wir hinzufügen, daß wir „o" als Präfix und „san" als Suffix als eine Art Höflichkeitsform benützen. Also o-Vati-san, o-Mutti-san oder Vati-san, Mutti-san. Diese „o" und „san" sind dem deutschen „-chen" bzw. „-lein" ähnlich: Väterchen, Mütterlein. Sogar alle Arten von Berufsnamen werden in der Form des 2. Personalpronomens als Anrede (Vokativ) verwendet. Ein Beispiel, wörtlich ins Deutsche übersetzt: „Milchmann-san, bitte bringen morgen zwei Flaschen Milch mehr!" oder „Elektriker-san, haben gestern bei uns repariert, aber die Leitung stimmt noch nicht".

Wir ersehen aus diesen Beispielen, daß der Japaner in seiner Sprachform geneigt ist, statt der Personalpronomina andere substantivische Figuren oder Adverbien, und zwar als Vokative, zu benützen. Wenn man also nach dem Modell europäischer Grammatik die Wörter, mit denen der Sprechende sich selber nennt, als Personalpronomina der 1. Person und die Wörter, mit denen der Sprechende den (hörenden) Gesprächspartner nennt, als Personalpronomina der 2. Person bezeichnet, dann müßten praktisch alle Bezeichnungen von Familienmitgliedern, Termini des sozialen Ranges und unzählige Berufsnamen unter das Personalpronomen der 2. Person fallen. Eine solche Subsumtion ist jedoch unsinnig. Man muß daher umdenken und erfahren, daß im Japanischen das Personalpronomen nicht nach dem Maßstab der substantiellen Ich-Identität gebaut ist. Es wird vielmehr in Bezügen artikuliert und, *obwohl* sprachlich ausgesagt, artikuliert es nicht den europäischen Subjekt-Charakter.

3. Das Subjekt-Prädikat-Schema und das Problem der „Subjektlosigkeit"[59]

Zuerst ein Beispiel aus einer alten japanischen Gedichtsammlung („Manyoshu", 8. Jahrhundert). Ich übersetze Wort für Wort:

Wenn Melonen essen, Kind zu denken
Wenn Maronen essen, um so mehr gedenken
Woher kommen, vor Augen hängend immer,
Kein ruhig Schlaf.

Melonen und Maronen müssen die Lieblingsspeise des vielleicht sehr jung verstorbenen Kindes gewesen sein. Der deutschen Grammatik entsprechend könnte man folgendermaßen in Prosa übersetzen:

Wenn ich Melonen esse, muß ich an meinen (verstorbenen) Sohn denken; wenn ich Maronen esse, gedenke ich seiner noch mehr. Woher kommt mir denn (so gewaltig) das Gesicht des Kindes? Sein Antlitz hängt so dicht vor meinen Augen, daß ich nachts keinen ruhigen Schlaf mehr finde.

Wir stellen gleich den Satz aus der modernen Erzählung „Das Schneeland" daneben. Sie stammt von dem Nobelpreisträger Kawabata. Anschließend werden wir die beiden Bilder und die in ihnen verborgene Erfahrung von Welt zu deuten versuchen. Der Anfang der Erzählung lautet: „Als durch Tunnel hinaus, war Schneeland ..." Liest man weiter, so wird das Bild klarer: Als der Zug, in dem der Held der Erzählung sitzt, aus dem dunklen Tunnel hinausgefahren war, öffnete sich draußen eine weiße Schneelandschaft.

Und nun hören wir dazu nochmals den Vergleich zwischen dem vorhin grammatikalisch „richtig" ins Deutsche übersetzten Satz des altjapanischen Gedichts und dem, was die japanische Sprachform sagt: „Wenn *ich* Melonen esse, muß *ich* an *mein* Kind denken ..." und „Wenn Melonen essen, Kind zu denken ..."

Das zweimalige „Ich" und das „mein" verschwinden. Eine Art Ichlosigkeit der Sprache erscheint. Das Ereignis spricht sich gleichsam in reiner Objektivität aus, freilich nicht neben dem Spre-

---

[59] S. dazu: Tokieda Motoki: Nihon Bunpo (Die japanische Grammatik), Tokyo 1972 (17). – Itasaka Gen: Nihongo no Ronrikozo (Logische Struktur der japanischen Sprache), Tokyo 1989.

chenden. Dieser ist vielmehr „selbst" in der sprachlich aufgegangenen „Sache" daheim.

Desgleichen im „Als durch Tunnel hinaus, war Schneeland ..." Das Subjekt des Satzes, nämlich „der Zug" fehlt; niemand artikuliert sich als „Beobachter", der das Verlassen des Tunnels wahrnimmt. Das Ereignis konzentriert sich nicht auf den Ich-Punkt. Und doch ist in dieser Subjektlosigkeit höchste Erfahrungsintensität erreicht, obwohl niemand selbstisch auf „seine" Einsicht und Erkenntnis gestellt ist.

Hören wir zur weiteren Verdeutlichung des Gemeinten ein Beispiel aus der heutigen japanischen Umgangssprache. Ich versuche dadurch das Verhältnis von Aktiv und Passiv sowie den Sinn einer nicht ich-haften Grunderfahrung unserer Sprache zu entfalten, das wir „Ji-hatzu" nennen: „Von-sich-aus".

Wir sagen z.B. *Yama ga mieru*. Deutsch könnte man übersetzen: „Der Berg ist gesehen", oder „Der Berg wird gesehen", oder „Der Berg ist zu sehen". Die wörtliche Übersetzung sagt schlicht: „Berg zu sehen". Die deutsche Übersetzung ist insofern unzulänglich, als man genötigt ist, den Satz *entweder* aktiv *oder* passiv zu formulieren. Im Japanischen spricht er weder im Aktiv noch im Passiv, sondern das Sagen und das Gesagte ereignen sich *jenseits* der Spaltung von Tun und Erleiden, d.h. in reiner Bewegung „von sich aus". Sehen und Gesehenwerden, Erblicken und Sich-zeigen des Geschauten gehören untrennbar zusammen.

Sagt man also, in dem genannten Satz „Yama ga mieru" entfalte das Gesagte „sich", „von sich aus", dann darf man das „sich" nicht vom Ich-Modell her deuten. Das „sich" bezieht sich weder auf den Berg, das Gesehene, als ginge Bewegung von diesem aus, noch kann das „sich" auf den Sehenden, als dem handelnden Subjekt, von dem der Akt einseitig abhängt, reduziert werden. Das „sich" liegt im Verbum „sehen". Der Berg ist kein Objekt im europäischen Sinne, sondern das *Thema*, das einem zu verstehen gibt, worum es sich jetzt handelt. Diesen Sachverhalt verdeutlicht das Wörtchen „*ga*" hinter dem Wort „Berg".

Man kann freilich auch sagen: *Boku wa yama ga mieru*, und übersetzen: „*Ich* (boku) sehe den Berg. Das Ich wird zwar nominativ gebraucht, stellt jedoch kein Subjekt dar. Es ist auch *Thema* und gehört somit zu einer konkreten Struktur.

Das Deutsche gebraucht darüber hinaus die Akkusativ-Form „*den* Berg". Der japanischen Sprach- und Denkform entsprechend ist „Berg" auch Thema, das zweite im Satz. Beide Themen versammeln sich im Akt „sehen". Der Akt „sehen" enthält beide Momente, den Sehenden und das Gesehene. Tun und Erleiden, Sehen und Gesehenwerden sind in diesem Akt untrennbar eins.

Logisch-analytisch gesprochen enthält der Akt in der Einheit von Aktion und Passion

a) „mein" Sehen als Tat; jedoch die Tat *nicht* als „meine", sondern als „von sich aus" entfaltete;

b) das Sehen als ein Empfangen des Gesehenen in mir, jedoch *nicht* in „mir" als einem nur erleidenden Subjekt;

c) das Sich-zeigen des Berges im Gesehen-sein, jedoch *nicht* des Berges als eines Objekts mir gegenüber;

d) das Gesehenwerden des Berges als (sein) Erleiden meines Sehens, jedoch *nicht* in der bloßen Passiv-Form, die den Berg als Objekt betrifft.

4. Jenseits von Aktiv und Passiv: die Bewegung „von sich aus"

Das Ereignis, das sich in dieser Art des Sprechens zeigt, meint Einheit von Tun und Erleiden auf beiden „Seiten", von Ich und Berg. Aber die Seiten sind nichts anderes als *Themen* des Ereignisses selbst, aus dem „ich sehe" und das „den Berg sehen" erst hervorgehen. Insofern ist die Erkenntnis, wie Thomas von Aquin in „De Veritate" 1,1 sagt, eine Frucht der Wahrheit, des Seins, in dem Erkennender und Erkanntes eins sind; sie ergibt sich aus dieser vorsprachlichen Einheit der Beziehung.

Auf das obige Beispiel bezogen bedeutet dies: Der sich von sich aus ereignende Akt besteht, grammatikalisch gesagt, im Prädikat „sehen".

Neuerdings versuchen einige japanische Philologen die hier dargestellte Einheit von Tun und Erleiden bei Ausdrücken der Sinneswahrnehmung sprachlich-grammatikalisch zu benennen. Man nennt das Gemeinte „Ji-hatsu". „Ji" bedeutet sowohl „selbst" als auch „von selbst" im Sinne „von Natur aus" oder „von sich her".

Aber es muß gleich hinzugefügt werden, daß dieses „sich" kein fixiertes Subjekt in der Bedeutung von „Ich" bezeichnet, so wie die Natur keine fixe Substanz darstellt, die von sich aus gegenständlich agiert.

Der zweite Teil des Wortes, „hatsu", besagt so viel wie „in Bewegung kommen", „in Bewegung aufbrechen", jedoch nicht im Sinn der Leistung des Sich-durchsetzens, sondern als „gelassenes Leben", als „Sich-verströmen". „Ji-hatsu" könnte also mit „Spontaneität" übersetzt werden.

Der Satz ohne isoliertes Subjekt und Objekt, aus den beiden Themen und dem Verbum sich von sich her ergebend, ist der unmittelbare Ausdruck des Sehens. Erst in nachträglicher Reflexion wird die lebendige Einheit in ihrer Vielfalt differenziert, analysiert und synthetisiert. Alles, was sich jetzt und hieraus sprachlich ergibt, lebt jedoch aus dem in der Tiefe sprechenden Schweigen der Beziehung, dem Ereignis, der Bewegung von sich selbst her, jener reinen, nicht (am allerwenigsten von der Wissenschaft) zu erzwingenden Freiwilligkeit des Seins.

5. Vorsprachliche Bedingtheit zwischenmenschlicher Beziehung

Wir können nun die „Gestalt der Situation" bzw. „Atmosphäre", von der bereits die Rede war, klarer erkennen als zuvor, wobei „Situation" nicht etwas uns sich gegenüber Befindendes bedeutet. Man sollte in diesem Zusammenhang auch nicht von „Situationsverbundenheit" sprechen. Bindung „an" sie oder „mit" ihr ist bereits überflüssig, denn wir sind immer schon mitten in ihr, sie umfängt und trägt uns. „Vor" der Sprache und dem Sprechen sind wir schon in einer Atmosphäre als Beziehung, und diese wurzelt ihrerseits in dem, was mit der „Bewegung von sich her", der „Freiwilligkeit" des Ereignisses angesprochen wurde.

Wir gelangen mit Sprache und Sprechen in diese von vornherein uns vorweggegebene verwirklichte *Beziehung* gewissermaßen je neu hinein, obgleich wir immer schon in ihr waren. Wird *sie* nicht erfahren, kommt *sie* nicht zur Sprache, läuft all unser Sprechen ins Leere und Nichtige. Atmosphäre ist *die Wirklichkeit*, freilich nicht identisch mit dem, was man gemeinhin als menschliche „Bewußtseinsrealität" bezeichnet. Diese erweist sich lediglich als ein höchst beschränkter Aspekt des Ganzen, durch dessen energische Verdrängung sich die Abstraktion am Leben erhält.

(3) Die Gegenwart von Ich und Du in der Sprache stammt aus dem vorsprachlichen Raum

Im Japanischen heißt Mensch „Nin-gen". Wiewohl „Nin" bereits Mensch bedeutet, fügt man gewöhnlich noch das Wort „Gen" hinzu, das eigentlich „zwischen" oder „Raum", in dem etwas ist, bedeutet. Das Wort „Nin-gen" allein besagt also schon, daß der Mensch in und zwischen und mit Menschen zusammen erst Mensch ist, nicht etwa, daß zuerst ein „Ich" oder ein „Du" da ist und danach das „Zwischen" als Ich-Du-Beziehung möglich wird.

Wenn es so ist, hat Martin Buber recht, wenn er sagt: „Am Anfang ist die Beziehung" oder „Der Mensch wird am Du zum Ich". Wir spüren jedoch auch bei ihm noch einen Hauch von Ich-Behauptung, denn er formuliert seine beiden Grundworte als Ich-Es und Ich-Du: „Ich" steht immer an erster Stelle. Denken wir einmal biologisch oder „erziehungswissenschaftlich": Wie lernt ein Kind die Worte Ich und Du? Welches von beiden hört es und nimmt es zuerst zur Kenntnis – „Ich" oder „Du"? Sicher zuerst „Du". Weil ein Kind wiederholt mit „du" angesprochen wird, versteht es, was es bedeutet. Und wenn es gefragt wird: „Kommst du mit?", stimmt es zu oder lehnt ab. Nach einiger Zeit lernt es dann, einen grammatikalisch vollständigen Satz auszusprechen: „Ja, ich komme mit", d.h. das Kind hat inzwischen das Wort „ich" erlernt.

Der sprachliche Ausdruck von Beziehung ist jedoch noch nicht anfänglich genug. Anfänglicher noch ist die einfache Berührung etwa von Mutter und Kind. Obwohl ein neugeborenes Kind noch nicht darüber zu reflektieren vermag, daß die Mutter, also ein anderer Mensch, einen wiederum anderen Menschen berührt, spürt es ganz deutlich die Beziehung. Die alleranfänglichste Beziehung zu einem Menschen ist also die Berührung, etwas „bloß" Leiblich-Körperliches, wenn man will, Biologisch-Sachliches.

Man könnte einwenden, wir seien ja schließlich keine Babys mehr und könnten durchaus reflektieren, abstrahieren, analysieren, systematisieren, denken, gar philosophieren etc. Aber sind wir Erwachsenen denn nicht mehr biologisch bedingt? Man könnte also die Bubersche Formulierung umkehren und sagen: Das Grundwort heißt Du-Ich oder gar Du-Du. Denn indem man vom anderen mit Du angesprochen wird, wird man zum „Du", erst danach wird man sich dessen bewußt, daß das genannte Du Ich ist. Also müßte „Du" an erster Stelle stehen und nicht „Ich".

Es fällt einem Erwachsenen, der mit Bewußtsein, Vernunft, Logik so gerüstet ist, daß er sich kaum mehr bewegen kann, schwer, die Ansprache „Du" eines anderen überhaupt zu vernehmen. Wie kann er dieses Zuhören erneut lernen? Selbstverständlich sind wir nicht in der Lage, ein allmächtiges Heilmittel zu verschreiben. Aber könnte man nicht versuchen, sich so offen zu halten, daß die noch nicht verlautbarte Stimme des anderen Einlaß findet? Wäre es nicht möglich, statt immer nur auf die Zukunft einmal auf die Vergangenheit hin zu denken? Dann müßten wir uns nämlich fragen: Wenn es einmal Wirklichkeit war, daß wir dem anderen zuhörten und die Wärme der zwischenmenschlichen Beziehung spürten, warum sollte dies jetzt nicht mehr möglich sein? Freilich kann man sich nicht einfach in die Vergangenheit zurückversetzen. Aber sollte es nicht doch gelingen, in die Vergangenheit hinein und zugleich auf Zukunft hin zu denken und zu handeln, d. h. zum Ursprung hin vertikal zu denken?

Man sollte vielleicht nicht nur immerfort über die Sprache nachsinnen, auch wenn sie zweifellos eines der wichtigsten Verständigungsmittel ist, sondern auch über die vorsprachliche Bedingtheit zwischenmenschlicher Beziehung. Denn weshalb wohl versuchen die Dichter immer wieder das „Unaussprechliche" in Worte zu fassen? Worin liegt der Sinn der Lehre Nagarjunas, des großen indischen Denkers aus dem 2. Jahrhundert, daß die Sprache der Zeigefinger sei, der den Mond zeigt? Ohne Zeigefinger kann man den Mond nicht zeigen, nicht wissen, wo der Mond ist. Sieht man aber nur den Finger, sieht man den Mond ja nicht.

„Sprache" heißt im Japanischen „Koto-ba". „Koto" bedeutet „Sache" und zugleich „Äußerung", „sich äußern". „Ba" bedeutet „Blätter", „Baumblätter", in denen die Sache sich entfaltet, differenziert, in der Vielheit ihre Einheit darstellt, erscheint, sich zeigt, sich aber *auch*, und das darf *nicht* vergessen werden, sich umhüllt, verbirgt. Jegliche Sprache ist Enthüllen und Verhüllen, Sich-zeigen und Sich-verbergen. Und auch vom Sprechenden, der sich äußert, gilt dies: In vielfältiger Rede enthüllt und verhüllt er „sich". Ohne Blätter bleibt nur das Gerippe toter Fakten übrig, erstarrte Ichpunkte. Wenn die Blätter sich nicht mehr aus dem unsichtbaren Inneren des Baumes nähren, fallen sie ab, der Wind verweht sie. Die Sprache stirbt.

Wir haben versucht, anhand von Hinweisen Nietzsches die Sprach- und Denkstruktur einer indogermanischen und der japanischen Sprache miteinander zu vergleichen und haben grundsätzliche Unterschiede zwischen beiden festgestellt. Ob Nietzsche wohl solche Unterschiede erahnt hat?

VIERTES KAPITEL

NIETZSCHES NATURBEGRIFF

Vermenschlichung der Natur – Vernatürlichung des Menschen

(1)

Im Nachlaß Friedrich Nietzsches finden wir ein merkwürdiges Fragment aus dem Jahr 1881:

Meine Aufgabe: die Entmenschung der Natur und dann die Vernatürlichung des Menschen, nachdem er den reinen Begriff „Natur" gewonnen hat.[60]

Ähnliche Wendungen finden sich verstreut in den Notizbüchern aus dieser Zeit, wie etwa folgende:

Zum „Entwurf einer neuen Art zu leben".
Erstes Buch im Stile des ersten Satzes der neunten Symphonie. *chaos sive natura: „von der Entmenschlichung der Natur".*[61]

Das modern-wissenschaftliche Seitenstück zum Glauben an Gott ist der Glaube an das *All als Organismus*: davor ekelt mir. Also das ganz Seltene, unsäglich Abgeleitete, das Organische, das wir nur auf der Kruste der Erde wahrnehmen, zum Wesentlichen Allgemeinen Ewigen machen! Dies ist immer noch Vermenschung der Natur![62]

Zur Vernatürlichung des Menschen gehört die Bereitschaft auf das absolut Plötzliche und Durchkreuzende.[63]

Die M[enschen] und die Philosophen haben früher *in die Natur hinein* den Menschen gedichtet – entmenschlichen wir die Natur![64]

---

[60] C 9, S. 525.
[61] C 9, S. 519 f.
[62] C 9, S. 522.
[63] C 9, S. 529.
[64] C 9, S. 532.

Was meint Nietzsche mit Wendungen wie „Entmenschlichung der Natur" bzw. „Vernatürlichung des Menschen" oder mit dem „reinen Begriff der Natur"? Wenn wir diese Fragmente auf ihren möglichen Zusammenhang hin zu verstehen suchen, wird der Gedankengang Nietzsches schrittweise deutlich. Bereits ein frühes Fragment weist auf einen Zusammenhang hin:

Hauptgedanke: Nicht die Natur täuscht uns, die Individuen und fördert ihre Zwecke durch unsre Hintergehung: sondern die Individuen legen sich alles Dasein nach individuellen d. h. falschen Maaßen zurecht; wir wollen damit recht haben und folglich muß „die Natur" als Betrügerin erscheinen. In Wahrheit giebt es keine *individuellen Wahrheiten*, sondern lauter individuelle *Irrthümer* – das *Individuum* selber ist ein *Irrthum*. Alles, was in uns vorgeht, ist an sich *etwas Anderes*, was wir nicht wissen: wir legen die Absicht und die Hintergehung und die Moral erst in die Natur hinein. – Ich unterscheide aber: die eingebildeten Individuen und die wahren „Lebens-systeme", deren jeder von uns eins ist – man wirft beides in eins, während „das Individuum" nur eine Summe von bewußten Empfindungen und Urtheilen und Irrthümern ist, ein *Glaube*, ein Stückchen vom wahren Lebenssystem oder viele Stückchen zusammengedacht und zusammengefabelt, eine „Einheit", die nicht Stand hält. Wir sind Knospen an Einem Baume – was wissen wir von dem, was im Interesse des Baumes aus uns werden kann! Aber wir haben ein Bewußtsein, als ob wir *Alles* sein wollten und sollten, eine Phantasterei von „Ich" und *allem* „Nicht-Ich". *Aufhören, sich als solches phantastisches ego zu fühlen!* Schrittweise lernen, das vermeintliche Individuum abzuwerfen! Die Irrthümer des ego entdecken! Den *Egoismus als Irrthum* einsehen! Als Gegensatz ja nicht Altruismus verstehen! Das wäre die Liebe zu den *anderen vermeintlichen* Individuen! Nein! Über „mich" und „dich" *hinaus! Kosmisch empfinden!*[65]

Nietzsche verwirft also den im neuzeitlichen Europa tief eingewurzelten Gedanken, daß Menschsein Individualität sei und erst als solche zustande komme, als „Irrtum" und „Phantasterei" und behauptet, das vermeintliche Individuum sei in Wahrheit lediglich ein Stückchen des großen „Lebenssystems", eine „Knospe" des großen „Baumes" Natur. Er versucht, über das „eingebildete" „mich" und „dich" hinaus eins zu werden mit dem „kosmischen" Lebenssystem als Natur. Und dies bedeutet wohl nichts anderes als die „Vernatür-

---

[65] C 9, S. 442 f.

lichung des Menschen", der „reine Begriff Natur" nichts anderes als das „kosmische Lebenssystem".

In der heutigen Welt verhält es sich aber gerade umgekehrt: Das vermeintliche, eingebildete Individuum mißt die Natur an seinem sogenannten „Bewußtsein" und vermenschlicht sie somit durch „sein" Maß. Nietzsche zufolge sollte man dieser entstellten Natur ihre Eigentlichkeit zurückerstatten, sie „entmenschlichen" und den Menschen wieder „vernatürlichen". Aufgabe sei es, diese Umkehrung zu vollziehen.

Nietzsches Überlegungen zur Natur beschränken sich nicht nur auf die für sein Denken so entscheidende Zeit von 1881, sie durchziehen sein ganzes Leben. Schon in dem unvollendeten wichtigen frühen Aufsatz „Über Wahrheit und Lüge im außermoralischen Sinne" (1870–1873) findet sich der Ansatz eines solchen Gedankens:

In irgendeinem abgelegenen Winkel des in zahllosen Sonnensystemen flimmernd ausgegossenen Weltalls gab es einmal ein Gestirn, auf dem kluge Thiere das Erkennen erfanden. Es war die hochmüthigste und verlogenste Minute der „Weltgeschichte": aber doch nur eine Minute. Nach wenigen Athemzügen der Natur erstarrte das Gestirn, und die klugen Thiere mußten sterben. – So könnte Jemand eine Fabel erfinden und würde doch nicht genügend illustriert haben, wie kläglich, wie schattenhaft und flüchtig, wie zwecklos und beliebig sich der menschliche Intellekt innerhalb der Natur ausnimmt; es gab Ewigkeiten, in denen er nicht war; wenn es wieder mit ihm vorbei ist, wird sich nichts begeben haben. Denn es giebt für jenen Intellekt keine weitere Mission, die über das Menschenleben hinausführte. Sondern menschlich ist er, und nur sein Besitzer und Erzeuger nimmt ihn so pathetisch, als ob die Angeln der Welt sich in ihm drehten. Könnten wir uns aber mit der Mücke verständigen, so würden wir vernehmen, dass auch sie mit diesem Pathos durch die Luft schwimmt und in sich das fliegende Centrum dieser Welt fühlt. Es ist nichts so verwerflich und gering in der Natur, was nicht durch einen kleinen Anhauch jener Kraft des Erkennens sofort wie ein Schlauch aufgeschwellt würde; [...][66]

Auch in späterer Zeit finden wir viele ähnliche Äußerungen über die Natur. Einige seien hier zitiert:

---

[66] C 1, S. 875.

Die Philosophen haben gesucht, die Welt in 1) Bilder (Erscheinungen) oder 2) Begriffe aufzulösen oder in 3) Willen – kurz in irgend Etwas uns am Menschen Bekanntes – oder sie der *Seele* gleichzusetzen (als „Gott").

Das Volk hat „Ursache und Wirkung" von dem als bekannt geltenden Verhältnis des menschlichen Handelns in die Natur gelegt. [...]

Die Wissenschaft der Mathematik löst die Welt in Formeln auf. [...]

Man muß dagegen *festhalten*, was Begriffe und Formeln nur sein können: Mittel der Verständigung und Berechenbarkeit, die *praktische Anwendbarkeit* ist das Ziel: daß der Mensch sich der Natur bedienen könne, die vernünftige Grenze.

Wissenschaft: die Bemächtigung der Natur zu Zwecken des Menschen –[67] die Welt „vermenschlichen" d.h. immer mehr uns in ihr als Herrn fühlen –[68]

Wissenschaft – Umwandlung der Natur in Begriffe zum Zweck der Beherrschung der Natur – das gehört in die Rubrik „Mittel"
aber der Zweck und Wille des Menschen muß ebenso *wachsen*, die Absicht in Hinsicht auf das Ganze[69]

„Wissenschaft" (wie man sie heute übt) ist der Versuch, für alle Erscheinungen eine gemeinsame Zeichensprache zu schaffen, zum Zwecke der leichteren *Berechenbarkeit* und folglich Beherrschbarkeit der Natur. Diese Zeichensprache, welche alle beobachteten *Gesetze* zusammenbringt, *erklärt aber nichts* – es ist eine Art *kürzester* (abgekürztester) *Beschreibung* des Geschehens.[70]

Von der Augenscheinwelt führen die Brahmanen und Christen ab, weil sie dieselbe für böse halten *(fürchten –)* aber die Wissenschaftlichen arbeiten im Dienste des Willens zur *Überwältigung der Natur.*[71]

– die Vermenschlichung der Natur – die Auslegung nach uns[72]

Aber extreme Positionen werden nicht durch ermäßigte abgelöst, sondern wiederum durch extreme, aber *umgekehrte*. Und so ist der Glaube an die absolute Immoralität der Natur, an die Zweck- und Sinnlosigkeit der psycholo-

---

[67] C 11, S. 90f.
[68] C 11, S. 92.
[69] C 11, S. 194.
[70] C 11, S. 209.
[71] C 11, S. 209.
[72] C 12, S. 17.

gisch nothwendige *Affekt*, wenn der Glaube an Gott und eine essentiell moralische Ordnung nicht mehr zu halten ist.⁷³

Wir sehen, daß derartige Überlegungen Nietzsches, wiewohl fragmentarisch, kein „Seitensprung" waren, daß sie vielmehr auf sein „Hauptwerk", den „Zarathustra", folglich auch auf seinen „abgründlichsten Gedanken", den der „ewigen Wiederkunft des Gleichen", hin gedacht sind. Aus seiner letzten Schaffenszeit kennen wir folgende Betrachtung zum Thema „Natur":

Auch ich rede von „Rückkehr zur Natur", obwohl es eigentlich nicht ein Zurückgehn, sondern ein *Heraufkommen* ist – hinauf in die hohe, freie, selbst furchtbare Natur und Natürlichkeit, eine solche, die mit grossen Aufgaben spielt, spielen darf ... (GD, Streifzüge § 48)

All diese Aussagen zu Natur bzw. Natürlichkeit bedürfen noch genauerer, behutsamer Auslegung. Vorläufig aber können wir aus dem oben Zitierten folgende Schlüsse ziehen:
– Die Gedanken zur Natur haben im Denken Nietzsches keinen kleinen Stellenwert. Sie sind wesentlich. Sie stehen in deutlichem Zusammenhang mit seinen Grundgedanken.
– Sie beziehen sich stets auf seine leidenschaftliche Kritik am „Glauben", an der „Moral", vor allem aber an der neuzeitlichen „Wissenschaft". Darauf kommen wir später noch einmal zurück.
– Nietzsches Besinnung auf die Natur bzw. auf die Natürlichkeit bewegt sich nicht mehr im Rahmen des wissenschaftlichen Denkens nach Descartes. Seine radikale Kritik an der abendländischen Tradition will diesen Rahmen durchbrechen, wiewohl er dieser Tradition angehört. Dies bezeugt nicht zuletzt seine komplexe Beziehung zu Spinoza (das oben zitierte „chaos sive natura" beschwört sofort Spinozas „deus sive natura" und dessen gedanklichen Hintergrund „natura naturans – natura naturata" herauf. Selbst die „letzte Formel" des Denkens Nietzsches, "amor fati", verweist auf Spinozas „amor dei intellectualis") und sein Verhältnis zu Goethe, obwohl er diesen Bezug nicht ausdrücklich zu erkennen gibt. So könnte man sagen, Nietzsche be-

---

⁷³ C 12, S. 212.

wege sich mit seinen Gedanken zur Natur auf der Grenze abendländischen Denkens. Dieser Grenzgang oder diese Gratwanderung nun ermutigt uns, von unserer Seite aus die Frage zu stellen, wie im Osten Natur verstanden wird oder verstanden werden kann.

(2)

Die japanische Alltagssprache setzt das deutsche Wort Natur bzw. dessen Äquivalente in anderen europäischen Sprachen mit dem japanischen Wort „Shi-zen" (自然) gleich. Bei der Übersetzung vom Deutschen ins Japanische bzw. vom Japanischen ins Deutsche werden die beiden Begriffe fast automatisch für bedeutungsgleich gehalten. Das mag berechtigt sein, wenn es sich um Natur im neuzeitlich-naturwissenschaftlichen Sinn handelt. Jedoch sind die beiden Begriffe unter Umständen wesensverschieden. Der europäische Begriff „Natur" hat von der griechischen „physis" über die lateinische „natura" bis zur Natur im heutigen naturwissenschaftlichen Sinn einen weitreichenden geschichtlichen Bedeutungswandel hinter sich. Umfang und Tiefe dieses Begriffs sind sehr komplex. In unserer Zeit ist wohl der durch die naturwissenschaftliche Denkweise bestimmte objektivierte Naturbegriff dominant. Nietzsche steht, wie wir oben gesehen haben, dieser Naturauffassung sehr kritisch gegenüber und versucht, einen tieferen und möglicherweise ursprünglicheren Sinn desselben „zurückzugewinnen".

Der ostasiatische Begriff „Shi-zen" bzw. „Ji-nen" kennt eine vergleichbare geschichtliche Entwicklung nicht, weil dem Japaner, oder dem Asiaten überhaupt, das entwicklungsgeschichtliche Denken stets fremd war und fremd bleibt. Ursprünglich bedeutet dieser Begriff nichts Gegenständliches oder Vergegenständlichtes, das sich vor oder außerhalb des Menschen befindet, sondern bringt die spontane Seinsweise in allem, was ist, zum Ausdruck. Dem ursprünglichen Sprachgebrauch nach nimmt er also nicht substantivische, sondern immer die adjektivische oder adverbiale Form an. In diesem Sinne ist er wesensverschieden vom substantivierten objektiven Naturbegriff des neuzeitlichen Europa, gleichwohl besteht eine enge Verwandtschaft mit dem europäischen Naturbegriff im

Sinne von „natürlich" oder „von Natur aus". Durch die Berührung mit der modernen europäischen Zivilisation erfuhr er jedoch eine beträchtliche Sinnerweiterung. Dadurch hat er eine zwiespältige Doppelbedeutung bekommen, will sagen, das japanische Wort „Natur" (Shi-zen) wurde inzwischen ebenfalls substantiviert und bedeutet nun dasselbe wie der naturwissenschaftlich-objektive Begriff im heutigen Europa, zugleich aber bleibt auf einer tieferen Ebene seine ursprüngliche Bedeutung unverändert bestehen. Freilich ist man sich im japanischen Alltag dieses Sachverhalts kaum mehr bewußt, ja, er scheint tief ins Unbewußte abgesunken oder verdrängt. Dies ist wohl der Grund dafür, daß der japanische Begriff Natur so zwiespältig ist. Beide Begriffe kommen im Grunde kaum zur Deckung und doch werden sie weiter als deckungsgleich verwendet.

Wenn wir angesichts dieser Problematik den Naturbegriff Nietzsches betrachten, wirkt er geradezu wie ein Bindeglied zwischen jenen nicht deckungsgleichen Bedeutungsebenen. Wir können dies hier jedoch nicht ausführlicher erörtern. Der interessierte Leser möge die entsprechende Literatur zu Rate ziehen[74]. Vorläufig wollen wir, sozusagen als Arbeitshypothese, die Begriffe „Natur" im europäischen und „Shi-zen" bzw. „Ji-nen" im japanischen Sinne als adäquat ansehen.

Wie nun verhält es sich mit dem Natur(Shi-zen)begriff in Asien? Was die altchinesische Gedankenwelt betrifft, so kommt uns sogleich ein vertrauter Ausspruch von Lao-tse in Erinnerung:

> Es gibt ein Ding, das ist unterschiedslos vollendet.
> Bevor der Himmel und die Erde waren, ist es schon da,
> so still, so einsam.
> Allein steht es und ändert sich nicht.
> Im Kreis läuft es und gefährdet sich nicht.
> Man kann es nennen die Mutter der Welt.
> Ich weiß nicht seinen Namen.
> Ich bezeichne es als Tao.

---

[74] Yabu Akira: Hon-yaku no shi-so – Shi-zen to nature, Tokyo 1977. – Okochi Ryogi: Ji-nen no Fuk-ken – Nietzsche no Kagaku-hihan to Shin-ran no Ji-nen-honi, Tokyo 1985. – Kokusai–Kyodo–Togi: Shi-zen towa nani ka, Kyoto 1984.

> Mühsam einen Namen ihm gebend,
> nenne ich es: groß.
> Groß, das heißt immer bewegt.
> Immer bewegt, das heißt ferne.
> Ferne, das heißt zurückkehrend.
> So ist das Tao groß, der Himmel groß, die Erde groß,
> und auch der König ist groß.
> Vier Große gibt es im Raume,
> und der König ist auch darunter.
> Der Mensch richtet sich nach der Erde.
> Die Erde richtet sich nach dem Himmel.
> Der Himmel richtet sich nach dem Tao.
> Das Tao richtet sich nach der Natur.[75]

Nach der Natur sich richtend leben ist Lao-tse zufolge also das sittlichste, höchste und in diesem Sinne „natürlichste" Leben. Diese Art Leben bedeutet bei ihm zugleich „Mu-i" (chin. „Wu-wei, Nichthandeln), „Mu-i-shi-zen" und auch „Mui o nasu", Nichthandelnüben). Dies kommt im § 63 des „Tao te king" zum Ausdruck:

> Wer das Nicht-handeln übt,
> sich mit Beschäftigungslosigkeit beschäftigt,
> Geschmack findet an dem, was nicht schmeckt:
> der sieht das Große im Kleinen und das Viele im Wenigen.
> Er vergilt Groll durch Tugend.
> Plane das Schwierige da, wo es noch leicht ist!
> Tue das Große da, wo es noch klein ist!
> Alles Schwere auf Erden beginnt stets als Leichtes.
> Alles Große auf Erden beginnt stets als Kleines [...]

---

[75] Hier wurde die deutsche Übersetzung von Richard Wilhelm: Tao te king, in: Die Philosophie Chinas, Köln, Düsseldorf 1972, zitiert. In der Übersetzung steht jedoch statt „Tao" „der Sinn" und statt „Natur" „sich selber". Die Änderung stammt vom Verfasser, denn er zieht „Tao" und „Natur" deshalb vor, weil der chinesische begriff „Tao" inzwischen überall geläufig ist, und weil im Originaltext das Wort „ziran" steht, und der Ausdruck „sich selber" bereits eine Interpretation ist. „Tao" ist eines der wichtigsten, vielsagenden, und so gesehen, auch vieldeutigen Grundworte, wie „logos" bei den Griechen und „dharma" bei den Indern. Es läßt sich in vielfältiger Weise interpretieren und übersetzen.

„Nach der Natur sich richtend leben", „Nichthandeln üben",
diese paradoxen Äußerungen richtig, d. h. wie sie ursprünglich und
eigentlich gemeint sind, zu verstehen, fällt uns modernen Menschen
äußerst schwer. Der Gedanke, daß das nach der Natur sich richtende Leben die richtige und wahre Lebensweise sei, oder daß das
Nichthandeln üben das natürliche Handeln sei, ist für uns, die wir in
einer aktiven, ja, akitivistischen Denkweise erzogen sind, kaum annehmbar. Die Fähigkeit, solche Weisheit zu verstehen, ist uns weitgehend verlorengegangen. Im Gegenteil, sie gibt der Kritik Nahrung,
daß jenes „tatenlose" und passive Denken die quietistische Resignation herbeigeführt habe, welche ganz Asien jahrhundertelang im
Zustand der „asiatischen Stagnation" (Marx) habe verharren
lassen. Und diese Kritik wäre womöglich nicht einmal unberechtigt.
Allein, wer das europäische 19. Jahrhundert für eine leider vergangene „glückselige" Zeit hält und unser Jahrhundert für ein Unglück,
einen „Abgrund", mit anderen Worten: wer einmal Friedrich Nietzsche begegnet ist, dem zeigt jenes „Nichthandeln üben" möglicherweise einen ganz anderen Aspekt.

Selbstverständlich bedeutet das „Nichthandeln üben" nicht teilnahmsloses Kontemplieren im Sinne von „nichts tun", sondern es
bedeutet, daß alles menschliche Tun, auch das subjektive und willentliche, sich „nach der Natur" richten soll, d. h. „von sich aus",
„von Natur aus", „natürlich" geschieht. Dazu schreibt ein koreanischer Philosoph:

Jenes paradoxe Prinzip des Nicht-handelns, „wu-wei", bedeutet keineswegs
eine völlige Aufhebung des Handelns. Als das passive Handeln im Sinne von
Sein-lassen statt des künstlichen Hinzutuns bildet es das methodische Moment zu einer höheren ethischen Lebensführung, deren Sinn jedoch, als in
der Erhabenheit bestehend, alles Konkrete aufzuheben, an sich ohne Idealität ist und somit nicht in den Gegensatz tritt zu der Substantialität des prosaischen Daseins.[76]

Hier begegnen wir der Wendung „das *passive* Handeln im Sinne
von Sein-lassen". In einer indo-germanischen Sprache läßt sich das
wohl nicht anders ausdrücken. Gemeint ist, daß das Nichthandeln-

---

[76] Kah Kyung Cho: Die Bedeutung der Natur in der chinesischen Gedankenwelt, Dissertation, Universität Heidelberg, 1956.

üben weder passiv noch aktiv ist, vielmehr über den Gegensatz von passiv-aktiv hinausgeht, eben „Natürlich-handeln" ist. Solange das „Nichthandeln-üben" das „natürliche" Handeln ist, kann es auf keinen Fall „eine völlige Aufhebung des Handelns"sein, sondern ist aktives und willentliches Handeln und trotzdem zugleich scheinbar passives Handeln-lassen . Und hier eröffnet sich die Sphäre einer „höheren" oder anderen Lebensführung als der „prosaischen", der bloß intellektuellen, alltäglichen.

Aus der mittelalterlichen japanischen Gedankenwelt hierzu einige Gedanken von *Shinran* (1173–1262), zunächst aus dem Buch „Tan-ni-sho":

Ist der Glaube einmal gefestigt, so ereignet sich die Hingeburt ganz nach der Fügung Amidas: sie steht nicht in unserer Verfügung. Je tiefer wir uns auf die Kraft des Gelöbnisses verlassen, indem wir das Böse in uns merken, desto mehr wird sich die Gewißheit von Sanftmut und Geduld von selbst, aus natürlicher Spontaneität ergeben. Wenn es um die Hingeburt geht, soll man überhaupt alle Klügeleien beiseitelassen und allezeit voller Liebe und Bewunderung die Große und Überreiche Wohltat Amidas mit tiefem Dank bedenken. Dann können wir aufrichtigen Herzens Nembutsu sagen. Darin spricht sich die Spontaneität der Natur aus. Natur ist, was ohne eigenes Zutun und Zumeinen geschieht. Sie ist nicht anders als die Andere Kraft. (16. Kapitel)[77]

In einem seiner letzten Briefe dann schreibt Shinran über die Natur:

Natur (Ji-nen): *Ji* bedeutet „von sich aus", kein Zutun und Zumeinen des Menschen, es bedeutet „Sein-lassen", „Tun-lassen"; *Nen* bedeutet dasselbe ... *Ji-nen* heißt ursprünglich Sein- und Meinen-lassen. Das Versprechen Amida Buddhas ist von vornherein kein Tun und Meinen des Menschen. Das Vertrauen in Amida Buddha, wie er den Menschen (ins Reine Land) empfängt, dies ereignet sich von Natur aus, hat nichts zu tun damit, ob der Mensch sich für gut oder böse hält. Dies eben ist die Natürlichkeit, so habe ich (von meinem Lehrer *Honen*) gehört. Das Versprechen besteht darin, uns Menschen zum höchsten Buddha werden zu lassen. Der höchste Buddha hat weder Form noch Farbe. Weil er keine Form hat, deswegen wird er „Natur" (Ji-nen) genannt. Wenn er sich formhaft zeigt, dann ist er kein höchster

---

[77] Zitiert aus: Tan-ni-sho, Die Gunst des Reinen Landes, übersetzt und kommentiert von Klaus Otte und Okochi Ryogi, Bern 1975.

Buddha mehr, also kein höchstes Nirvana. Um uns diese Formlosigkeit erkennen zu lassen, lehrte mich der Meister in dieser Weise den Amida-Buddha. Amida-Buddha ist das Mittel, uns wissen zu lassen, wie es sich mit der Natur (Ji-nen) eigentlich verhält.[78]

Hier sehen wir, daß Grundbegriffe des Jodo-Buddhismus wie Amida-Buddha (Unendlichkeit), Nembutsu (seinen Namen rufen), Tariki (Andere Kraft), Nirvana, etc. in dem einen Begriff „Natur" (Ji-nen) konvergieren. Wie wir dies verstehen sollen und können, lassen wir im Augenblick dahingestellt. Wir wollen hier nur feststellen, daß im Denken eines der größten religiösen Menschen Japans letzten Endes nur ein Wort für „Natur" (Ji-nen) übriggeblieben ist.

Wie steht es nun mit dem Denken des modernen „naturwissenschaftlich getauften" Japan in Hinsicht auf den Begriff Natur? In „Zen no Kenkyu" („Forschung des Guten") des Philosophen Kitaro *Nishida* (1870–1945) lesen wir:

Sein gibt es nur eins, es zeigt sich lediglich nach unterschiedlichen Gesichtspunkten verschieden. Was die Natur (Shi-zen) angeht, so stellt man sie sich wohl als ein von unserem Subjekt ganz und gar unabhängiges objektives Sein vor. Genau gesagt ist aber eine solche Natur kein wahres Sein, sondern bloß ein abstrakter Begriff. Das Wesen der Natur besteht in der Tatsache der unmittelbaren Erfahrung, die noch keine Spaltung von Subjekt-Objekt kennt. Was wir wirklich als Pflanze denken, das ist die lebendige Pflanze mit Formen und Farben, sie ist die anschauliche Tatsache. Nur wenn wir vorläufig aus diesem konkreten Sein, das Moment der subjektiven Tätigkeit abstrahierend, darüber nachdenken, nur dann sieht das Sein so aus, als ob es eine reine objektive Natur wäre. Und die sogenannte Natur im genauesten Sinn des Wortes, wie sie die Naturwissenschaftler meinen, ist der extremste Fall dieses „objektiven" Denkens. Sie ist die abstrakteste, vom wahren Sein entfernteste Natur [...] Heutzutage ist die Wissenschaft darauf aus, soweit wie möglich objektiv zu sein. So bleibt nichts übrig, als das psychologische Phänomen physiologisch, das physiologische Phänomen chemisch, das chemische Phänomen physikalisch und das physikalische Phänomen mechanisch zu erklären. Was aber ist denn die rein mechanische Erklärung, die all diesen Erklärungsweisen zugrunde liegt? Die sogenannte reine Materie ist etwas, was wir eigentlich nicht erfahren können. Alles, was uns irgendwie er-

---

[78] Aus: Mattosho.

fahrbar ist, muß als Bewußtseinsphänomen in unserem Bewußtsein auftreten. Aber alles, was sich als Bewußtseinstatsache zeigt, ist ja durchaus subjektiv, keine rein objektive Materie. Die sogenannte reine Materie besitzt keine faßbare, positive Eigenschaft, sondern bloß eine rein quantitative wie Raum, Zeit und Bewegung, ist ein rein abstrakter Begriff wie der mathematische [...] Wie ist es denn mit dem „Geist", der normalerweise als Gegensatz zur Natur vorgestellt wird? [...] Gewöhnlich stellt man sich den Geist als das von der objektiven Natur getrennte, selbständige Sein vor. Aber wie die von dem vereinheitlichenden Subjekt getrennt vorgestellte, rein objektive Natur ein Abstraktum ist, so ist auch der von der objektiven Natur getrennt vorgestellte, rein subjektive Geist ein Abstraktum [...] Zwar stellt man sich gewöhnlich den Geist als vereinheitlichenden Akt des Seins vor und denkt, daß er im Gegensatz zur Natur eine besondere Art Sein sei. In Wahrheit gibt es keinen vereinheitlichenden Akt, der gesondert von dem zu Vereinheitlichenden da wäre. Ebenso gibt es keinen subjektiven Geist, der getrennt von der objektiven Natur da wäre. Daß wir etwas wissen, bedeutet nur, daß wir mit diesem etwas eins werden. Wenn wir Blumen ansehen, dann sind wir eins mit den Blumen (Kapitel 8–9).

Vincent van Gogh übrigens schreibt in einem Brief an seinen Bruder Theo im Jahre 1888 über die japanische Kunst:

Bei der Betrachtung der japanischen Kunst begegne ich offensichtlich weisen, intellektuellen, ja philosophischen Menschen. Womit verbringen sie die Zeit? Erforschen sie die Entfernung zwischen der Erde und dem Mond? Nein! Erforschen sie die Politik von Bismarck? Nein, sie tun es nicht. Sie erforschen die einzelne Knospe eines Grases.

Diese Grasknospe läßt sie allmählich alle Sorten Pflanzen, alle Jahreszeiten, alle Landschaften mit Bergen und Feldern, schließlich auch Tiere und Menschen zeichnen und malen. So verbringen sie ihr Leben. Das Leben ist aber zu kurz, um alles zu malen.

Glaube mir, sie leben in der Natur, als wären sie selber Blumen. Was diese Japaner uns lehren, ist das nicht echte und wahre Religion?

Hier sehen wir eine merkwürdige Parallele zu den oben zitierten Äußerungen des japanischen Philosophen. Es erscheint mir kein Zufall, daß dieser Maler bei den japanischen Malern – mit wessen Werken er sich damals gerade beschäftigte, wissen wir leider nicht, sicher handelte es sich dabei um Holzschnitte (*Ukiyoe*) – eine derart *natürliche* Lebensweise und Lebensweisheit erfahren hat. Vielleicht gerade weil er kein Philosoph war, also einer, der gezwungen ist, mit der Sprache zu denken, sondern Maler war, einer, der mit Form und Farbe zu denken vermag, konnte er, ohne in die sprachliche Bedingtheit des Denkens zu geraten, intuitiv und gefühlsmäßig einsehen, was das Wesen der Kunst, der Religion, des Lebens überhaupt ist. Sprache ist zwar eines der wichtigsten Mittel des Ausdrucks, da sie aber nicht zu trennen ist von dem Sinn und der Bedeutung, die ihr mitgegeben sind, kann sie ein großes Hindernis bei der Ausdrucksfindung und bei der Kommunikation mit anderen sein.

(3)

Oben haben wir einige Überlegungen zum Naturbegriff der östlichen Gedankenwelt vorgestellt. Dabei sind uns scheinbar paradoxe Äußerungen aufgefallen: Daß das Nicht-handeln die sich nach der Natur richtende höchste Lebensführung sei; daß das Buddhawerden ohne menschliches Zutun und Zumeinen das Natürliche sei; daß das Blumen-ansehen Einswerden mit den Blumen sei usw. Alle diese Aussagen sind ein Versuch, das dualistische Denken, das unerläßlich ist für die analytische Reflexion des Intellekts, zu überwinden. Sie alle versuchen, über Tun und Lassen, über eigene und andere Kraft, über Subjekt und Objekt hinaus zur eigentlichen Ganzheit, d.h. zur Natürlichkeit der Dinge zu gelangen. Derselbe Denkversuch wurde meines Erachtens im Abendland als Dialektik des Begriffs (Hegel), als Existenzphilosophie (Kierkegaard), als unio mystica im Mittelalter und als „deus sive natura" (Spinoza) vollzogen, während er im Osten, wo die Erfahrung und die Intuition den Primat hat, als Ganzheit vollzogen wurde und wird.

So wird verständlich, weshalb sich im Osten das naturwissenschaftliche Denken und die in der Neuzeit daraus sich ergebende technische Denkweise und der in diesem Zusammenhang auftauchende Entwicklungs- und Fortschrittsgedanke nicht entwickelt haben. Denn das sogenannte naturwissenschaftliche Denken ist ja nichts anderes als das alles vergegenständlichende, objektivierende Denken, und dies wiederum ist nichts anderes als das mechanistische, materialistische, kurz anthropozentrische Denken. Über diesen Punkt schreibt ein anderer japanischer Philosoph, *Nishitani* Keiji:

Seit Beginn der Neuzeit ist die Weltsicht der Naturwissenschaft stets mit dem Problem des Atheismus verknüpft. Die Zurückweisung der Existenz eines persönlichen Gottes ergab sich aus der Zurückweisung der teleologischen Weltsicht. Jener Atheismus war im allgemeinen der Standpunkt des wissenschaftlichen Rationalismus, der seinem Inhalt nach mehr und mehr zum Materialismus zusammenschrumpfte. Die ihn beherrschende Idee hieß „Fortschritt" […] Die Tatsache, daß die Welt als materialistisch und mechanistisch gesehen wurde, bedeutet, daß die Weltordnung den Sinn verloren hatte, den sie in der teleologischen Sicht noch besaß, nämlich den Sinn, daß sie dem „persönlichen" Willen Gottes entstamme. Das neue Weltbild war durchgängig dadurch gekennzeichnet, daß es in keiner Beziehung zur Person Gottes stand. Dies wiederum besagt, daß man meinte, die Welt sei zugleich restlos von der menschlichen Vernunft zu beherrschen. Denn im „Materie sein" ist die Ansicht impliziert, daß das Weltall absolut passiver Stoff sei, welcher der menschlichen Kontrolle völlig unterliege. Umgekehrt: Durch diese Ansicht, alle weltliche Dinge seien wesenhaft auf Stoffliches zu reduzieren, wurde der Mensch, der eine solche Welt beherrscht, sich seiner Vernunft als eines absolut Aktiven und absolut Freien bewußt. Die menschliche Vernunft nahm eine neue Stelle ein, auf der sie allmächtig zu sein scheint.[79]

Japan mußte dieses naturwissenschaftliche Denken, vor allem dessen praktische Anwendbarkeit, aus einer national-politischen Notwendigkeit „naiv und kritiklos" aufnehmen und „nachahmen", während im Abendland selber bereits einige Große wie Baudelaire und Nietzsche das Wesen der wissenschaftlichen Denkweise erkannt und Furcht und Angst davor hatten (Löwith). Obwohl Nietzsche damals bei weitem noch nicht die fürchterliche Tragweite der naturwissenschaftlichen „Errungenschaften" in vollem Umfang ermessen konnte, wie Industrialisierung, Kernwaffen, Umweltzerstörung, Organtransplantationen etc. sie mit sich bringen, schreibt er vorausahnend:

[…] die Wissenschaft hat heute schlechterdings *keinen* Glauben an sich, geschweigedenn ein Ideal *über* sich […] Es gibt ja genug braves und bescheidenes Arbeiter-Volk auch unter den Gelehrten von Heute, dem sein kleiner Winkel gefällt, und das darum, weil es ihm darin gefällt, bisweilen ein wenig unbescheiden mit der Forderung laut wird, man *solle* überhaupt heute zufrieden sein, zumal in der Wissenschaft, – es gäbe da gerade so viel Nütz-

---

[79] Nishitani Keiji: Was ist Religion?, Frankfurt a. M. 1982.

liches zu tun. Ich widerspreche nicht; am wenigsten möchte ich diesen ehrlichen Arbeitern ihre Lust am Handwerk verderben: denn ich freue mich ihrer Arbeit. Aber damit, dass jetzt in der Wissenschaft streng gearbeitet wird und dass es zufriedne Arbeiter giebt, ist schlechterdings *nicht* bewiesen, dass die Wissenschaft als Ganzes heute ein Ziel, einen Willen, ein Ideal, eine Leidenschaft des grossen Glaubens habe. Das Gegenteil, wie gesagt, ist der Fall [...] die Wissenschaft [ist] heute ein *Versteck* für alle Art Missmuth, Unglauben, Nagewurm, despectio sui, schlechtes Gewissen, – sie ist die *Unruhe* der Ideallosigkeit selbst, das Leiden am *Mangel* der grossen Liebe, das Ungenügen an einer *unfreiwilligen* Genügsamkeit. Oh was verbirgt heute nicht Alles Wissenschaft! wie viel *soll* sie mindestens verbergen! Die Tüchtigkeit unserer besten Gelehrten, ihr besinnungsloser Fleiss, ihr Tag und Nacht rauchender Kopf, ihre Handwerks-Meisterschaft selbst – wie oft hat das Alles einen eigentlichen Sinn darin, sich selbst irgend Etwas nicht mehr sichtbar werden zu lassen! Die Wissenschaft als Mittel der Selbst-Betäubung: *kennt ihr das?* ... Man verwundet sie [...] mitunter durch ein harmloses Wort bis auf den Knochen, man erbittert seine gelehrten Freunde gegen sich, im Augenblick, wo man sie zu ehren meint, man bringt sie außer Rand und Band, bloss weil man zu grob war, um zu erraten, mit wem man es eigentlich zu thun hat, mit *Leidenden*, die es sich selbst nicht eingestehen wollen, was sie sind, mit Betäubten und Besinnungslosen, die nur Eins fürchten: *zum Bewusstsein zu kommen* ...[80]

Nietzsche sah ein, daß das bloß wissenschaftliche Denken ein „Abgrund" und, so gesehen, eine der „großen nihilistischen Bewegungen" ist, als die er Religionen wie das Christentum und den Buddhismus interpretierte. Falls die damit Beschäftigten, also die Wissenschaftler, sich dessen nicht ausreichend bewußt sind, kann eine solche Denkweise zu einem Betäubungsmittel werden, zum „Opium für die Gelehrten". Diese Wissenschaftskritik Nietzsches, „das Problem der Wissenschaft", die „Frag-würdigkeit der Wissenschaft" im doppelten Sinne, läßt sich bei ihm von den frühesten bis hin zu den spätesten Schriften verfolgen. Und erst von daher ist meines Erachtens seine Überlegung zum „reinen Begriff der Natur", zur „Vernatürlichung des Menschen" bzw. zur „Entmenschlichung der Natur" richtig zu verstehen.

Dem Physiker Fritjof Capra, dem, wie er sagte, die „Parallele zwischen der modernen Physik und der östlichen Mystik aufgegangen

---

[80] C 5, S. 396 f.

ist", und der aufgrund dieser Erfahrung das im neuzeitlichen Denken dominierende Cartesianisch-Newtonsche Denkschema zu überwinden sucht, schreibt über das oben erwähnte Nicht-handeln (chi.: wu-wei; jap.: mu-i) bzw. Natur/Natürlichkeit im Zusammenhang mit dem taoistischen Grundbegriff „Yin-Yang":

Was die Chinesen mit „wu wei" meinen, ist nicht, sich jeder Aktivität zu enthalten, sondern sich gewisser Formen von Aktivität zu enthalten, nämlich einer Aktivität, die nicht mit dem fortlaufenden kosmischen Prozeß harmonisiert [...] Aus chinesischer Sicht scheint es also zwei Arten von Tun zu geben – Aktivität in Harmonie mit der Natur und Aktivität gegen den natürlichen Fluß der Dinge [...] Deshalb steht die häufige westliche Assoziation von Yin und Yang mit passivem Verhalten nicht in Einklang mit dem chinesischen Denken. Im Hinblick auf die ursprünglich mit dem Paar archetypischer Pole assoziierten Bilder könnte man Yin wohl als aufnehmende, erhaltende und kooperative Aktivität interpretieren; Yang fände seine Entsprechung in aggressiver, expandierender, wettstreitorientierter Aktivität. Yin-Handeln erfolgt im Einklang mit der Umwelt, Yang-Handeln ist auf das Ich bezogen. In moderner Terminologie könnte man das erste „Öko-Handeln" und das zweite „Ego-Handeln" nennen.

Diese beiden Aktivitätsformen sind eng mit zwei Arten des Wissens oder zwei Arten von Bewußtsein verbunden, die man seit undenklichen Zeiten als charakteristische Eigenschaften des menschlichen Geistes erkannt hat. Gewöhnlich nennt man sie intuitive und vernunftbedingte Erkenntnis [...] Das Rationale und das Intuitive sind komplementäre Formen der Funktion des menschlichen Geistes. Rationales Denken ist linear, fokussiert, analytisch. Es gehört zum Bereich des Intellekts, der die Funktion hat, zu unterscheiden, zu messen und zu kategorisieren. Dementsprechend tendiert rationales Denken zur Zersplitterung. Intuitives Wissen dagegen beruht auf unmittelbarer, nichtintellektueller Erfahrung der Wirklichkeit, die in einem Zustand erweiterten Bewußtseins entsteht. Es ist ganzheitlich oder „holistisch", nicht linear und strebt nach Synthese. Daraus läßt sich folgern, daß vernunftorientiertes Wissen wahrscheinlich Ich-bezogene oder Yang-Aktivität hervorbringt, während intuitive Weisheit die Grundlage ökologischer oder Yin-Aktivität ist.[81]

Damit versucht Capra, durch eine Synthese der beiden Denkweisen oder Denkrichtungen die globale Krise der Gegenwart auf

---

[81] Fritjof Capra: Wendezeit – Bausteine für ein neues Weltbild, Bern, München, Wien 1982; Titel der Originalausgabe: The Turning Point.

Nietzsches Naturbegriff

eine höhere „ganzheitliche" Denkrichtung hin zu überwinden. Und wiewohl er sich immer noch im Rahmen des Dualismus denkt, ist die Richtung seines Denkens nicht gering zu schätzen.

Dieser Versuch ist nicht nur wichtig und beachtenswert, er zieht auch die Konsequenz aus dem, was Nietzsche beschäftigte, selbst wenn ein direkter Bezug zu Nietzsche sich nicht explizit erkennen läßt. Denn bereits Anfang der siebziger Jahre des vorigen Jahrhunderts äußert Nietzsche:

> Es handelt sich nicht um eine Vernichtung der Wissenschaft, sondern um eine *Beherrschung*. Sie hängt nämlich in allen ihren Zielen und Methoden durch und durch ab von philosophischen Ansichten, *vergißt dies aber leicht. Die beherrschende Philosophie hat aber auch das Problem zu bedenken, bis zu welchem Grad die Wissenschaft wachsen darf: sie hat den Werth zu bestimmen!*[82]

Nietzsche konnte den Wandel der modernen Physik nach Einstein nicht ahnen, er hatte auch keine hinreichende Kenntnis, vor allem keine ausreichende Erfahrung der „östlichen Mystik". Nietzsche kam in der Tat „zu früh", wie der „tolle Mensch" in der „Fröhlichen Wissenschaft". Und vielleicht konnte deshalb sein denkerischer Versuch einer Überwindung der „Modernität" nicht gelingen, mußte deshalb seine radikale Kritik an der abendländischen Tradition insgesamt in die Ausweglosigkeit geraten oder zu kaum akzeptablen Vorstellungen wie der „Ewigen Wiederkehr des Gleichen" oder „Wille zur Macht" führen. Aber seine Größe als Denker liegt nicht zuletzt darin, daß er bereits am Ende des vorigen Jahrhunderts die großen Gefahren eines ausschließlich cartesianisch-newtonisch orientierten Wissenschaftsdenkens erkannte und zu überwinden suchte.

Was den Versuch Capras betrifft, bleibt zu fragen, ob man asiatische Denkrichtungen wie Brahmanismus, Buddhismus, Taoismus, Zen-Buddhismus, die sich doch sehr unterscheiden, unter einem so pauschalen Begriff wie „östliche Mystik" subsumieren darf, wie er dies tut. Weiter wäre zu fragen, weshalb er die abendländische Mystik, die meines Erachtens doch ein wesentlicher Bestandteil der christlichen Religion ist, einfach beiseite gelassen hat, und weiter

---

[82] C 7, S. 424.

noch, ob zwischen der modernen Physik und den anderen Disziplinen der Naturwissenschaften sich überhaupt eine gemeinsame Wissenschaftlichkeit aufzeigen läßt, und ob seine Sicht der modernen Physik unter den heutigen Physikern anerkannt wird. Aber auch Capras Beitrag ist einmal mehr der Hinweis darauf, daß die Frage nach der Natur, oder richtiger, die neue Besinnung auf den Begriff „Natur" im Westen wie im Osten eine der wichtigsten und notwendigsten geworden ist.

Ohne wissenschaftliches Denken und seine Errungenschaften kann unsere heutige Welt nicht bestehen. Andererseits reicht diese Art des Denkens nicht mehr aus, um die anstehenden Probleme zu erfassen. Dies ist, zumindest in den sogenannten „entwickelten" Ländern heute jedem klar geworden. Das alles vergegenständlichende wissenschaftliche Denken und seine daraus sich ergebende praktische Anwendbarkeit und die allein auf Nutzen ausgerichtete technische Denkweise müssen beherrschbar gemacht und relativiert werden, sonst hat die Menschheit wohl kaum eine Überlebensmöglichkeit. Wie und wo können wir also einen Standpunkt finden, von dem aus das sich verselbständigt habende wissenschaftliche Treiben überschaubar gemacht, gezähmt und überwunden wird? Ist Nietzsches Versuch, einen „reinen Naturbegriff" zu finden, sind die alten östlichen Traditionen mit ihrem „Nichthandeln-üben = Natürlichkeit" vielleicht ein solcher Standpunkt? Wäre die Synthese beider, im „Übergang ins Solarzeitalter", wie sie Capra vorschwebt, eine Lösung? Wir wissen es nicht. Wir können uns nicht einfach in die Vergangenheit zurückversetzen. Möglich wäre es aber vielleicht, sich die alte Weisheit erneut anzueignen, wie Nietzsche sagt, „einzuverleiben" auf Zukunft hin. Wäre dies nicht eine Notwendigkeit, im Sinne Nietzsches also eine „Wende der Not"?

FÜNFTES KAPITEL

AMOR FATI UND KARMA

Nietzsche, ein tiefreligiöser Mensch aus östlicher Sicht

(1) Amor fati

In den vergangenen hundert Jahren ist viel über Nietzsche gedacht, gesprochen und geschrieben worden von Philosophen, Theologen, Philologen, Psychologen, Psychiatern, Soziologen, Politologen, von Schriftstellern. Man sagt, die Nietzsche-Literatur zähle inzwischen über 3000 Titel, unter denen zweifellos bedeutende Beiträge zur Nietzsche-Forschung sind, für die wir Nachkömmlinge dankbar sein müssen. Und doch scheint uns das Ereignis Nietzsche immer noch aufklärungsbedürftig. Die Stellung, die Nietzsche in der philosophischen oder literarischen Geschichte einnimmt, ist nicht fest umrissen. Nietzsche ist und bleibt ein Rätsel. Anders gesagt: Wir bleiben – wiewohl zeitlich entrückt – nach wie vor im Banne Nietzsches, und nicht etwa, weil die geleistete Nietzsche-*Forschung* unzulänglich gewesen wäre, sondern weil Nietzsche selber Frage, Rätsel ist. Solange er dies bleibt, muß man versuchen, diese Frage durch Antworten zu bewältigen oder gar zu überwinden. Die über 3000 Titel der Nietzsche-Literatur sind Zeugnisse solcher Bewältigungsversuche. Und doch bleibt die Frage als Frage: Nietzsche *ist* Frage schlechthin. Schon Zarathustra-Nietzsche sagte von sich: „Ein Versuchen und Fragen war all mein Gehn: – und wahrlich, auch antworten muß man *lernen* auf solche Fragen!" („Vom Geist der Schwere"). In ganz anderer Weise als etwa Kierkegaard entdeckt er sich selbst zuletzt als „Fragezeichen", „Zwischen zwei Nichtse eingekrümmt" – „ein müdes Rätsel für Raubvögel".[83]

Das Erlebnis von Sils-Maria im Sommer 1881 zeigt diese Fragwürdigkeit, diese Rätselhaftigkeit am deutlichsten. In diesem ekstatischen, womöglich mystischen Erleben widerfuhr Nietzsche etwas

---

[83] Aus: Dionysos Dithyramben.

Ungeheures, Entscheidendes, durch das er erst ganz und eigentlich er selbst *geworden* ist. Erst daraus ergab sich sein Philosophieren, so schreibt er selber wiederholt. Man hat über diesem rätselhaften Erlebnis großartige Denkmäler errichtet; sie tragen Inschriften wie „Nietzsches Philosophie", „Nietzsches Metaphysik", „Nietzsches Pathographie", „Nietzsche, Begründer des Irrationalismus der imperialistischen Zeit". Das Erlebnis selber findet dabei kaum Erwähnung, geschweige denn wird es klarer. Kaum einmal hat man versucht, Zugang dazu zu finden, umging es lieber, obwohl man wußte, daß es wichtig war, ja *das* wichtige Moment in der Geschichte des Nietzscheschen Denkens ist. Wie war das möglich?

Es ist bekannt, daß im Leben großer Denker und religiöser Menschen eine Art unerklärlichen mytischen Erlebens eintreten kann, wie beispielsweise bei Descartes, Pascal, Kierkegaard oder Dostojewskij. Dieses ursprüngliche, entscheidende Erleben entzieht sich allen rationalen, objektiven Erklärungen. Es ist wesentlich unvermittelt und nicht mitteilbar. Auch demjenigen, der es erlebt, bleibt nichts übrig, als dieses Unmittelbare, Unmitteilbare, einmalig Konkrete, wenn er es als einen „Gedanken" zu entfalten und anderen mitzuteilen versucht, zu vergegenständlichen, zu abstrahieren, zu verallgemeinern, zu „verlogisieren". Wer sich ein solches Erlebnis eines anderen klarmachen, es verstehen will, muß versuchen, durch das Vergegenständlichte, Verallgemeinerte hindurch zu dessen Ursprung zu gelangen.

Ursprünglich betrachtet mag das logische Denken als solches – wobei „logisch" im weitesten Sinne des Wortes zu verstehen ist – schon nichts anderes sein können als Abstrahieren, Vergegenständlichen, Objektivieren. Nicht nur die sogenannten „äußeren" Gegenstände, sondern auch das „Innere", d. h., das Subjekt selbst muß, sobald es reflektiert und gedacht wird, notwendigerweise vergegenständlicht, objektiviert, abstrahiert werden. Es ist dies der schwierigste Punkt bei der Reflexion über sich selbst und macht das Sich-selbst-denken fast unmöglich. Aber wenn das Denken auf diese Unmöglichkeit stößt und an ihr scheitert, eben dann ereignet sich in diesem Scheitern das Denken des Absoluten in unserem Denken. Alles menschliche Denken ist im Grunde nicht anders zu vollziehen.[84]

---

[84] Akegarasu Tetsuo: Mu no Mondai (Das Problem Nichts), in: Jahresbericht der Otani Daigaku XXII, Kyoto 1970.

Der Gedanke, d.h. das mitteilbar gemachte Gedachte kann nur Hülse oder Kleid, japanisch gesagt, „Blätter" dessen sein, was sich im Denken vollzieht. Hier ist zu fragen, wohin man durch das Mitgeteilte, Vergegenständlichte, Objektivierte gelangen will. Will man eine mitteilbare Philosophie, Theorie oder Metaphysik bauen und sie seinem eigenen „philosophischen System" einfügen, damit man das Problem für erledigt halten kann? Oder strebt man wieder zurück zum unmitteilbaren, ursprünglichen Erleben als Denken? Anders gesagt: Will man das mittelbar Mitgeteilte zur Kenntnis nehmen und damit sein Wissen erweitern oder das nicht zu vergegenständlichende und nicht mitzuteilende Erlebnis als Erlebnis wahrnehmen? Im Buddhismus gibt es ein geläufiges Sprichwort, das lautet: „Der Finger, der den Mond zeigt": Wenn man jemandem zeigen will, wo der Mond hängt, bedient man sich dafür des Zeigefingers. Wenn aber der andere nur den Zeigefinger betrachtet, sieht er den Mond nicht. Wichtig ist also nicht der Finger, sondern die Richtung, in die er weist. In diesem Sinne werden wir hier versuchen, aus Nietzsches Äußerungen die Richtung zu erkennen, die er zuweilen mit unzureichenden, manchmal widersprüchlichen, „unlogischen" Verlautbarungen eigentlich und ursprünglich aufzeigt.

Um über das Erlebnis Nietzsches im Sommer 1881 nachdenken zu können, muß man sich seinen oft zitierten Brief an Peter Gast noch einmal vergegenwärtigen:

Nun, mein lieber guter Freund! Die Augustsonne ist über uns, das Jahr läuft davon, es wird stiller und friedlicher auf Bergen und in den Wäldern. An meinem Horizonte sind Gedanken aufgestiegen, dergleichen ich noch nicht gesehen habe, – davon will ich nichts verlauten lassen, und mich selber in einer unerschütterlichen Ruhe erhalten. Ich werde wohl *einge* Jahre noch weiter leben müssen! Ach, Freund, mitunter läuft mir die Ahnung durch den Kopf, daß ich eigentlich ein höchst gefährliches Leben lebe, denn ich gehöre zu den Maschinen, welche *zerspringen* können! Die Intensitäten meines Gefühls machen mich schaudern und lachen, – schon ein paarmal konnte ich das Zimmer nicht verlassen, aus dem lächerlichen Grunde, daß meine Augen entzündet waren – wodurch? Ich hatte jedesmal den Tag vorher auf meinen Wanderungen zuviel geweint, und zwar nicht sentimentale Tränen, sondern Tränen des Jauchzens; wobei ich sang und Unsinn redete, erfüllt von einem neuen Blick, den ich allen Menschen voraus habe ... (14. 8. 1881)

Nach diesem und anderen Briefen, die Nietzsche während einiger Jahre um diese Zeit schreibt, wird deutlich, daß ihm etwas Unerhörtes, etwas Ungeheures geschehen ist, und daß es ihm von da an als die einzige, aber kaum zu erfüllende Aufgabe seines Lebens erscheint, dieses Erlebnis zu bewahren. Zwar schreibt er: „davon will ich nichts verlauten lassen", aber er hätte sagen sollen, daß er nichts verlautbaren könne, weil ihn das Erlebte am ganzen Leib zittern und schaudern und zugleich vor Wonne weinen ließ. Er muß sich nun „selber in einer unerschütterlichen Ruhe erhalten", damit er sich den noch nicht beim Namen genannten Gedanken aneignen, „einverleiben" kann. Noch weiß er kaum, was ihn da eigentlich überfallen hat, welche Gedanken er an seinem Horizont aufsteigen sieht. Er weiß nur, daß sich etwas Absolutes mit absoluter Notwendigkeit bei ihm ereignet hat, dem er sein ganzes Leben hinzuhalten hat.

Es dürfte nicht unerheblich sein, hier auf die merkwürdige Sprachwendung „den Gedanken aufsteigen sehen" die Aufmerksamkeit zu richten. Bei jedem anderen könnte es sich um eine lediglich „literarische" Ausdrucksweise handeln, bei Nietzsche aber, der von Jugend an nicht abstrakt, sondern bildhaft-anschaulich dachte, ist es keinesfalls eine bloß äußerliche Ausdrucksweise; sie zeigt vielmehr etwas für sein Denken Wesentliches an. Bei ihm ist Denken nichts anderes als Erfahren, Erleben. Er schreibt darüber immer wieder in den privaten Briefen sowie in seinen veröffentlichten Schriften. Es wäre nun sehr bequem zu meinen, diese Art Erleben sei bloßer Wahn und sei psychologisch oder gar pathologisch zu erklären und abzutun. Damit ließe man denkerisch in fataler Weise das zentral Wichtige außer acht. Denn Denken und Gedanke, also das zum Ausdruck gebrachte Gedachte, beziehen sich aufeinander wie der Vulkan und die ausgeworfene Lava. Die ungeheure Energie des „Feuerbergs" wirft die Lava aus, nicht umgekehrt. In diesem Sinne ist Denken nicht nur ein vernünftiges, intellektuelles, sondern zuweilen ein den ganzen Leib erschütterndes Erleben. Will man Nietzsche verstehen, muß man sein Erlebnis so ernst nehmen, wie er selbst.

Hohe Stimmungen. – Mir scheint es, daß die meisten Menschen an hohe Stimmungen überhaupt nicht glauben, es sei denn für Augenblicke, höchstens Viertelstunden, – jene wenigen ausgenommen, welche eine längere

Dauer des hohen Gefühls aus Erfahrung kennen. Aber gar der Mensch Eines hohen Gefühls, die Verkörperung einer einzigen großen Stimmung sein – das ist bisher nur ein Traum und eine entzückende Möglichkeit gewesen: die Geschichte gibt uns noch kein sicheres Beispiel davon. Trotzdem könnte sie einmal auch solche Menschen gebären – dann, wenn eine Menge günstige Vorbedingungen geschaffen und festgestellt worden sind, die jetzt auch der glückliche Zufall nicht zusammzuwürfeln vermag. Vielleicht wäre diesen zukünftigen Seelen eben das der gewöhnliche Zustand, was bisher als die mit Schauder empfundene Ausnahme hier und da einmal in unseren Seelen eintrat: eine fortwährende Bewegung zwischen hoch und tief und das Gefühl von hoch und tief, ein beständiges Wie-auf-Treppen-steigen und zugleich Wie-auf-Wolken-ruhen.[85]

Diesem Aphorismus ist zu entnehmen, daß Nietzsche selber zur Genüge weiß, daß niemand dieser gesteigerten Stimmung Glauben schenkt; medizinisch halte man sie vielmehr für wahnhaft, für ein virtuelles Bild, psychologisch für anomal oder abergläubisch. Trotzdem will Nietzsche diese Stimmung im Namen der Erfahrung und im Namen der Zukunft bejahen und lehnt die gängige Meinung ab, die sie im Namen der Wissenschaft und der Beweisbarkeit nicht erkennen und anerkennen kann. Zwar verwendet er hier noch mildernd den Konjunktiv, was aber nicht heißt, daß es sich nur um eine Hypothese handelte. Man darf sich nicht darüber hinwegtäuschen lassen, daß dieser Aphorismus ein Bekenntnis seiner einmaligen absoluten Erfahrung ist, daß sich dahinter zweifellos jenes Erlebnis vom Jahre 1881 verbirgt.

Kurz vor seinem geistigen Zusammenbruch, der freilich das Resultat einer Geisteskrankheit durch „biologische Faktoren" (Jaspers) war, schreibt er das gleiche über die Erfahrung noch einmal, diesmal aber mit Entschiedenheit und einer fast zu groß anmutenden Selbstsicherheit:

– Hat jemand, Ende des neunzehnten Jahrhunderts, einen deutlichen Begriff davon, was Dichter starker Zeitalter *Inspiration* nannten? Im andren Fall will ich's beschreiben. – Mit dem geringsten Rest von Aberglauben in sich würde man in der Tat die Vorstellung, bloß Inkarnation, bloß Mundstück, bloß Medium übermächtiger Gewalten zu sein, kaum abzuweisen wissen. Der Begriff Offenbarung, in dem Sinn, daß plötzlich, mit unsäglicher Sicher-

---

[85] FW 4. Buch, § 288.

heit und Feinheit, etwas *sichtbar*, hörbar wird, etwas, das einen im Tiefsten erschüttert und umwirft, beschreibt einfach den Tatbestand. Man hört, man sucht nicht; man nimmt, man fragt nicht, wer da gibt; wie ein Blitz leuchtet ein Gedanke auf, mit Notwendigkeit, in der Form ohne Zögern, – ich habe nie die Wahl gehabt. Eine Entzückung, deren ungeheure Spannung sich mitunter in einen Tränenstrom auslöst, bei der der Schritt unwillkürlich bald stürmt, bald langsam wird; ein vollkommnes Außer-sich-sein mit dem distinktesten Bewußtsein einer Unzahl feiner Schauder und Überrieselungen bis in die Fußzehen; eine Glückstiefe, in der das Schmerzlichste und Düsterste nicht als Gegensatz wirkt, sondern als bedingt, als herausgefordert, als eine *notwendige* Farbe innerhalb eines solchen Lichtüberflusses; ein Instinkt rhythmischer Verhältnisse, der weite Räume von Formen überspannt – die Länge, das Bedürfnis nach einem *weitgespannten* Rhythmus ist beinahe das Maß für die Gewalt der Inspiration, eine Art Ausgleich gegen deren Druck und Spannung ... Alles geschieht im höchsten Grade unfreiwillig, aber wie in einem Sturme von Freiheits-Gefühl, von Unbedingtsein, von Macht, von Göttlichkeit... Die Unfreiwilligkeit des Bildes, des Gleichnisses ist das Merkwürdigste; man hat keinen Begriff mehr, was Bild, was Gleichnis ist, alles bietet sich als der nächste, der richtigste, der einfachste Ausdruck. Es scheint wirklich [...] als ob die Dinge selber herankämen und sich zum Gleichnis anböten [...]. Dies ist *meine* Erfahrung von Inspiration; ich zweifle nicht, daß man Jahrtausende zurückgehen muß, um jemanden zu finden, der mir sagen darf „es ist auch die meine".[86]

Was dort noch Frage, Hypothese war, kommt hier mit einem Stolz ohnegleichen zum Ausdruck als Wirklichkeit, als bereits Erfahrenes. Geistige Verwandte werden hier nicht mehr in einer möglichen Zukunft, sondern in der Vergangenheit, im „starken Zeitalter" der Griechen gesucht. Dieser Unterschied in der Betonung ist nicht zu übersehen, evident ist aber auch eine Gemeinsamkeit zwischen beiden Aphorismen. Gemeinsam ist ihnen, daß sie von der Erfahrung des Denkens sprechen, und daß sich Denken bei Nietzsche wesentlich intuitiv, man könnte auch sagen, leibhaft bestimmt und versteht.

Dies gilt bereits für das Erleben des jungen Nietzsche. Schon um das Jahr 1875 schreibt er als junger, vielversprechender Professor für klassische Philologie in Basel, wie man sich der Philologie

---

[86] EH, über 'Zarathustra' 3.

widmen solle, der Philologie, die vom Wissenschaftler die strengste positivistische Methode zu verlangen scheint:

Dies ist die Antinomie der Philologie: man hat das *Altertum* tatsächlich immer nur *aus der Gegenwart* verstanden – und soll nun die *Gegenwart aus dem Altertum* verstehen? Richtiger: aus dem Erlebten hat man sich das Altertum erklärt, und aus dem so gewonnenen Altertum hat man sich das Erlebte *taxiert*, abgeschätzt. So ist freilich das *Erlebnis* die unbedingte Voraussetzung für einen *Philologen* – das heißt doch: erst Mensch sein, dann wird man erst als Philologe fruchtbar sein.[87]

Für ihn bedeutet also das Erlebnis kein bloß willkürliches und zufälliges Vorkommnis, das man nach Belieben erhalten oder vergessen könnte, sondern es heißt, ein je Einmaliges voll und ganz zu bejahen als das, was sich an einem durch nichts zu ersetzenden Einzeldasein als Notwendiges ereignet. Anders gesagt: Das Universale bricht an der Einzelexistenz und durch sie zum Konkreten durch zum Erlebnis, und der Erlebende seinerseits nimmt dadurch als ein In-dividuum, als eine Sonderheit am Universalen teil. Ohne diese Anteilnahme des Einzelnen am Ganzen wäre die sogenannte objektive Allgemeingültigkeit eine bloße Vor-stellung, leere Abstraktheit, die gar nichts mehr zu tun hätte mit dem leibhaften Dasein, mit dem leibhaften Denken des Menschen. In diesem Sinne versteht Nietzsche „Erlebnis" oder „Erfahrung"; im Sommer 1881 gewinnt dieses Denken bei ihm seine volle Weite und Tiefe.

Auch in bezug auf die Inspiration findet man in den frühen Schriften wesenhaft verwandte Äußerungen und die Überzeugung, das instinktive Erfassen und Empfinden sei die stärkste Art des Philosophierens:

Sie (die Philosophie) springt auf leichten Stützen voraus: die Hoffnung und die Ahnung beflügeln ihren Fuß. Schwerfällig keucht der rechnende Verstand hinterdrein und sucht bessere Stützen, um auch selbst jenes lockende Ziel zu erreichen, an dem der göttliche Gefährte schon angelangt ist [...] Was bringt also das philosophische Denken so schnell an sein Ziel? Unterscheidet es sich von dem rechnenden und abmessenden Denken etwa nur durch das raschere Durchfliegen großer Räume? Nein, denn es hebt seinen Fuß eine fremde, unlogische Macht, die Phantasie [...] Besonders ist aber die

---

[87] Wir Philologen, C 8, S. 31.

Kraft der Phantasie mächtig im blitzartigen Erfassen und Beleuchten von Ähnlichkeiten: die Reflexion bringt nachher ihre Maßstäbe und Schablonen heran und sucht die Ähnlichkeiten durch Gleichheiten, das Nebeneinander-Geschaute durch Kausalität zu ersetzen. Aber selbst wenn dies nie möglich sein sollte [...] so bleibt immer noch, nach Zertrümmerung des wissenschaftlichen Baues, ein Rest übrig; und gerade in diesem Rest liegt eine treibende Kraft und gleichsam die Hoffnung zukünftiger Fruchtbarkeit.[88]

Selbstverständlich darf man diese Auffassung des Philosophierens bei dem jungen Nietzsche nicht direkt mit der des späteren Nietzsche gleichsetzen. Hier ist alles gefühlsgeladen, geniekultisch. Nietzsche steht noch im Schatten Schopenhauers und Wagners. Er muß noch viele Überwindungen und „Häutungen" durchmachen. Aber eines ist schon deutlich zu erkennen und wird sein weiteres Leben als roter Faden durchziehen: die Überzeugung, daß das menschliche Denken, ganz gleich unter welchem Namen man es versteht – als Intuition, als Phantasie, als Inspiration, als Philosophieren –, seine treibenden Urkräfte aus einem Vor-Logischen, Vor-Beweisbaren, Vor-Wissenschaftlichen schöpft. Gleichwohl muß man immer wieder versuchen, dieses Namenlose, das sich nur als Erlebnis und durch ein Erleben zeigt, in mitteilbaren philosophischen, dichterischen, denkerischen Formen – also in der Sprache – festzuhalten.[89] Denken ist Erleben, und der Gedanke ist die Spur, die das Denken zurückläßt, nicht umgekehrt.

Allerdings ist zu beachten, daß es zwischen der „Inspiration", von der zwar erst im Jahre 1888 schriftlich die Rede ist, die sich aber bereits 1881 ereignete, und der „Phantasie" (1871) eine Art Umkehrung gibt. Bei der frühen Niederschrift liegt die Betonung auf dem denkenden Subjekt, während sie bei der späteren auf dem Erlebnis selbst liegt, das sich weit über die „Willensfreiheit" des Denkenden hinaus gewaltig, mächtig und notwendig ereignet. Anfang der 70er Jahre „fällt" Nietzsche das Denken noch „ein", nach 1881 „über-

---

[88] Die Philosophie im Zeitalter der Griechen, C 1, S. 813 f.

[89] „Blätter der Dinge" lautet die buchstäbliche Übersetzung des „Sprache" entsprechenden japanischen Wortes „Koto-ba". Dazu auch: Martin Heidegger: Unterwegs zur Sprache, Pfullingen 1959, S. 142 ff.; s. a. Kapitel III.

fällt" es ihn. Dem Denkenden bleibt nur, es voll und ganz zu bejahen, sonst droht es ihn zu „zermalmen". Es ist der Gedanke der ewigen Wiederkehr des Gleichen, den Nietzsche im Sommer 1881 „an seinem Horizont" hat aufsteigen sehen. Sieben Jahre später beschreibt er ihn in „Ecce homo" folgendermaßen:

Die Grundkonzeption des Werkes (des „Zarathustra"), der *Ewige – Wiederkunfts-Gedanke*, diese höchste Formel der Bejahung, die überhaupt erreicht werden kann –, gehört in den August des Jahres 1881: er ist auf ein Blatt hingeworfen, mit der Unterschrift. „6000 Fuß jenseits von Mensch und Zeit".[90]

Die wahrscheinlich erste Niederschrift dieses Gedankens steht im Nachlaß:

          Die Wiederkunft des Gleichen
                  Entwurf

1. *Die Einverleibung der Grundirrtümer.*
2. *Die Einverleibung der Leidenschaften.*
3. *Die Einverleibung des Wissens und des verzichtenden Wissens.* (Leidenschaft der Erkenntnis.)
4. *Der Unschuldige. Der Einzelne als Experiment. Die Erleichterung des Lebens, Erniedrigung, Abschwächung – Übergang.*
5. *Das neue Schwergewicht: die ewige Wiederkunft des Gleichen.* Unendliche Wichtigkeit unseres Wissens, Irrens, unserer Gewohnheiten, Lebensweisen für alles Kommende. Was machen wir mit dem Reste unseres Lebens, – wir, die wir den größten Theil desselben in der wesentlichsten Unwissenheit verbracht haben? *Wir lehren die Lehre,* – es ist das stärkste Mittel, sie uns selber einzuverleiben. Unsere Art Seligkeit, als Lehrer der größten Lehre.

Anfang August 1881 in Sils-Maria, 6000 Fuß über dem Meere und viel höher über allen menschlichen Dingen;[91]

Hier ist der erlebte Gedanke zum ersten Mal beim Namen genannt, zum Ausdruck gebracht worden. Aber welch ein merkwürdiger Entwurf! Über den „Inhalt" des Gedankens wird fast gar nichts gesagt, lediglich das Wort „Einverleibung" wird hervorgehoben, als ob es gar nicht um den Inhalt des Gedankens, nur um dessen Einverlei-

---

[90] C 6, S. 335.
[91] C 9, S. 494.

bung ginge. Was unter den Punkten 1., 2. und 3. erwähnt wird, ist dem Sinn nach dasselbe, was Nietzsche später als „Geschichte des europäischen Nihilismus" entfaltet und kritisiert, hier allerdings nur mit wenigen Worten angedeutet hat. Unter 4. kommt das Wort „Unschuld", das er auch später, z. B. in „Jenseits von Gut und Böse", als Überwindung der christlichen Moral formuliert hat. Aber auch dies ist hier nur angedeutet und wird als „Übergang" bezeichnet. Übergang aber wohin? Die Antwort darauf wird in Punkt 5 gegeben: Übergang zu allem Kommenden. Vom Standpunkt Zarathustras aus wäre das als Übergang zum Übermenschen zu verstehen. Jetzt erst formuliert Nietzsche den Wiederkunfts-Gedanken als „das neue Schwergewicht". „Neu" ist es im Gegensatz zum „alten", mit dem der Glaube an den christlichen Gott gemeint ist. Wir wissen, daß Nietzsche in „Der tolle Mensch" im 3. Buch der „Fröhlichen Wissenschaft" kritisch und wiederum metaphorisch zum Ausdruck bringen wollte, wie die Welt aussieht, wenn das alte Schwergewicht verlorengeht. Doch außer dem „Schwergewicht" wird nichts über den Gedanken selber gesagt, und doch wird dieser einzuverleibende Gedanke als „die größte Lehre" ausgegeben. Weiter steht geschrieben: Lehrer dieser größten Lehre zu werden, solle „unsere Art Seligkeit" sein und „das stärkste Mittel, sie uns selber einzuverleiben". Wie soll man diese Eintragung verstehen?

Jenes einmalige Erlebnis war so mächtig, daß es Nietzsche beinahe zerspringen ließ. Alles war in jenem Augenblick „vollkommen" geworden, einem Augenblick, in dem, so könnte man sagen, Nietzsche „die Ewigkeit" erfuhr. Er mußte sich „in einer unerschütterlichen Ruhe erhalten", um sich dieses Erlebnis, diesen Gedanken anzueignen, einzuverleiben. Trotzdem will er nach jener ersten Eintragung mit diesem noch einzuverleibenden Gedanken sofort in die Öffentlichkeit treten, und nicht nur das, er will ihn als Lehre, und zwar als „die größte Lehre" proklamieren und die ganze Welt zu diesem Gedanken bekehren. Dies soll die einzige Aufgabe für den Rest seines Lebens werden. Zu dieser Bekehrungsaktion mußte er den „Zarathustra" schaffen. Das Bewußtsein, diese Aufgabe zu haben, zeigt sich am deutlichsten im ersten Wort der ersten Eintragung über sein Erlebnis, nämlich in dem Wort „Entwurf". Die Eintragung ist also nicht ein Bekenntnis, sondern buchstäblich der

Entwurf zu einem Werk, durch das er die gesamte, seiner Ansicht nach verkehrt lebende Menschheit zu seinem Gedanken würde bekehren können. In der Tat findet man in einigen Eintragungen, die er in den folgenden Tagen gemacht zu haben scheint, ziemlich konkrete und ausführliche Skizzen für den Plan des „Zarathustra":

1. *Die mächtigste Erkenntnis.*
2. *Die Meinungen und Irrtümer verwandeln den Menschen und geben ihm die Triebe, oder: die einverleibten Irrtümer.*
3. *Die Notwendigkeit und die Unschuld.*
4. *Das Spiel des Lebens.*[92]

„Mittag und Ewigkeit.

Fingerzeige zu einem neuen Leben"
Zarathustra, geboren am See Urmi, verließ im dreißigsten Jahre seine Heimat, ging in die Provinz Aria und verfaßte in den zehn Jahren seiner Einsamkeit im Gebirge den *Zend-Avesta.*[93]

Die Sonne der Erkenntnis steht wieder einmal im Mittag: und geringelt liegt die Schlange der Ewigkeit in ihrem Lichte –: es ist *eure* Zeit, ihr Mittagsbrüder![94]

„Zum Entwurf einer neuen Art zu leben."

Erstes Buch: Im Stile des ersten Satzes der neunten Symphonie.

Chaos sive natura: „Von der Entmenschlichung der Natur" Prometheus wird an den Kaukasus angeschmiedet. Geschrieben mit der Grausamkeit des κράτος, „der Macht".

Zweites Buch: Flüchtig-skeptisch-mephistophelisch. *„Von der Einverleibung der Erfahrungen".* Erkenntnis-Irrtum, der organisch wird und organisiert.

Drittes Buch: Das Innigste und über den Himmeln Schwebendste, was je geschrieben wird: *„Vom letzten Glück des Einsamen",* – das ist der, welcher aus dem „Zugehörigen" zum „Selbsteigenen" des höchsten Grades geworden ist: *das vollkommene ego:* nur erst dies *ego* hat Liebe; auf der früheren Stufe, wo die höchste Einsamkeit und Selbstherrlichkeit nicht erreicht ist, gibt es etwas anderes als Liebe.

Viertes Buch: Dithyrambisch-umfassend: *„Annulus aeternitatis".* Begierde, alles noch einmal und ewige Male zu erleben.

---

[92] C 9, S. 496 f.
[93] C 9, S. 519.
[94] C 9, S. 519.

Die unablässige *Verwandlung* –: du mußt in einem kurzen Zeitraume durch viele Individuen hindurch. Das Mittel ist der unablässige Kampf.

Sils-Maria 26. August 1881[95]

In diesen Fragmenten sind schon fast alle wichtigen Gedanken zu finden, wie „Unschuld", „Notwendigkeit", das Leben als „Spiel", „Entmenschlichung der Natur" usw., die sich dann im „Zarathustra" entfalten, gedanklich objektivieren. Dies alles bestätigt Nietzsches Behauptung, daß ihm die Grundkonzeption des „Zarathustra" plötzlich gekommen sei, ihn überfallen habe. Gewiß ist diese ihn plötzlich überfallende „Gesamtschau" des Werkes nicht genug zu bewundern und zu bestaunen, allein, man fragt sich, woher Nietzsches Bekehrungs- und Missionseifer kommt und was er bedeutet.

Wenn der Gedanke als „Lehre" verkündet werden soll, und wenn ihn zu lehren „die Seligkeit" und „das stärkste Mittel" ist, ihn sich einzuverleiben, dann muß „Zarathustra", der den Gedanken verkörpert, tatsächlich das „fünfte Evangelium" sein, wie es Nietzsche selber nannte. In diesem Sinne hat Löwith recht, wenn er den „Zarathustra" eine „antichristliche Bergpredigt" nennt. Im Sinne des „Anti-" ist Nietzsche noch dem Christentum verhaftet, gehört ihm noch zutiefst an, obwohl er ihm so heftig, so fanatisch und verzweifelt den Krieg erklärt und es so radikal bekämpft. Den Beweis dafür gibt der „Zarathustra" selber. Verglichen mit anderen Schriften, etwa mit „Die Fröhliche Wissenschaft", die vor dem „Zarathustra" (vor allem mit dessen 4. Buch, das unmittelbar nach dem Erlebnis in Sils-Maria abgefaßt zu sein scheint) entstand, oder mit „Jenseits von Gut und Böse", das nach dem „Zarathustra" geschrieben wurde, die trotz ihres polemischen Stils weit über die Proklamation seines „Gedankens" hinaus deutsche Prosa „obersten Ranges" darstellen, ist der „Zarathustra" stilistisch übertrieben, zu pathetisch, ein Gemenge von Gleichnissen und Doktrinen, eine grobe Parodie der Bibel. Man ist versucht zu sagen, der „Zarathustra" sei kein geschaffenes, geschweige denn geborenes, sondern lediglich ein gemachtes Werk. Um Nietzsches „tiefsten Ernst und seine ganze Philosophie" zu verstehen, gilt es freilich als das wichtigste Buch. Alle wichtigen

---

[95] C 9, S. 519–20.

Gedanken seiner Philosophie sind darin zum Ausdruck gebracht, wie „Gottes Tod", „Übermensch", „Wille zur Macht", „Ewige Wiederkehr des Gleichen". Allein, wenn man das „Hauptwerk" des „philosophischen Schriftstellers" naiv und ohne philosophische Vorurteile liest, kann man sich des Gefühls nicht erwehren, daß dieses Prosastück, abgesehen von jenem Abschnitt gegen Ende des zweiten Buches bis zur Mitte des dritten, wo der „Gedanke der Gedanken" indirekt verkündet wird (wäre dieses Buch nur dazu geschrieben, es hätte seine Aufgabe erfüllt), nicht ersten Ranges, geschweige denn so erhaben ist, daß in seiner „ungeheuren Leidenschaft und Höhe ein Goethe, ein Shakespeare nicht einen Augenblick zu atmen gewußt hätten". „Natürlich muß es ein großer Genuß sein, dergleichen niederzuschreiben, aber ich finde es unerlaubt."[96] Der Nietzsche, der einmal zu sich selber gesagt hat: „Sie hätte singen sollen, nicht reden, diese neue Seele!"[97], hat nicht nur geredet, sondern sogar gepredigt! Hier hat man tatsächlich das Gefühl von „Ehrfurcht und Erbarmen" (Thomas Mann); hier kann man nicht umhin, sich der Äußerungen Nietzsches über Pascal zu erinnern:

„Daß ich Pascal nicht lese, sondern liebe, als das lehrreichste Opfer des Christentums, langsam hingemordet, erst leiblich dann psychologisch, diese ganze Logik dieser schauderhaftesten Grausamkeit..."[98]

Was er über Pascal gesagt hat, gilt in noch stärkerem Maße für ihn selber. Wieso konnte dergleichen ausgerechnet bei Nietzsche geschehen?

Dazu lassen sich verschiedene Vermutungen anstellen: Es wäre möglich, daß die Figur des „Zarathustra" Nietzsches Gedanken nicht in dem Maße entsprochen hat wie z. B. die Figur des „Faust" denen Goethes. Es wäre auch möglich, daß die Stimme des einsamen Nietzsche, je leidenschaftlicher er, wie ein Schatten in der Schweiz, Norditalien und Südfrankreich umherstreifend, redet, desto mehr jegliches Echo verliert. Es ist, als hätte er ins Leere hineingeschrieen.

---

[96] Thomas Mann: Nietzsches Philosophie im Lichte unserer Erfahrung, S. 121 f.
[97] „Versuch einer Selbstkritik" zu „Geburt der Tragödie", C 1, S. 15.
[98] C 6, S. 285.

Da wollte er ein Buch „für alle und keinen" schreiben, also nur für Gleichgesinnte, die es damals kaum gab. Je schriller seine Stimme schrie, desto größer wurde die Gefahr des pathetischen Übertreibens, das sein leibhaftes Denken zu „entleiben" drohte und den Verlust der echten Lebendigkeit seines Denkens zur Folge gehabt hätte. Oder: Trotz all seiner Feindschaft gegen das Christentum sei er doch der Sohn eines protestantischen Pfarrers geblieben, „nahe dem Gottesacker" geboren, und könne nicht anders als predigen, allerdings nicht vor Gläubigen, sondern vor den Menschen „auf dem Markt", die keinerlei religiöses Interesse mehr zeigen, nicht mehr Kinder Gottes, sondern eines aufsteigenden „wissenschaftlichen" Zeitalters sind. Immer wieder floh er in seine „einsamste Einsamkeit". Und immer wieder drängte es ihn aus ihr heraus, um seine „Gedanken" verständlich zu machen. Dabei kam naturgemäß eine Art ethischer Forderung, ein „Du sollst", zum Vorschein. Und zu fragen wäre, ob dies nicht in „Verstiegenheit" (Thomas Mann) mündete, ob sein „Gedanke" nicht doch vergegenständlicht, verallgemeinert, objektiviert und verabsolutiert wurde und sich damit von sich selbst entfernte? Heißt dieses Verallgemeinern nicht Überzeugenwollen – sich und andere? Beginnt Nietzsche nicht bereits da, statt sich ihm zu stellen, ihn mit Ehrfurcht anzunehmen, den Gedanken zu veräußern. Man könnte hierin eine tragische Spaltung des Denkers Nietzsche sehen: Der Sucher Nietzsche, der nach dem Ursprung des Nichtmitteilbaren fragt, und der Lehrer Nietzsche, der dies als ein Mitteilbares mit Autorität lehrt.

Dies sind, wie gesagt, keine Feststellungen, sondern Vermutungen, jedoch nicht ganz unbegründete. Denn in einem anderen Werk, das gleichzeitig mit den Plänen zum „Zarathustra" entstand, zeigt sich Nietzsche nicht als Lehrer, als Prediger, sondern eindeutig als Fragender, als Erlebender. Gemeint ist die „Fröhliche Wissenschaft", vor allem das vierte Buch, geschaffen aus übervoller „Dankbarkeit für den wunderbaren Monat Januar". Hier gibt es keine übertriebene Gestik und Rhetorik, keine groteske Mimik, keine pathetische Predigt, hier herrscht eine innigtiefe Atmosphäre. Schon der erste Aphorismus versetzt in die „reine Luft in hohen Bergen". Lesen wir zuerst den vorletzten Aphorismus „Das größte Schwergewicht", der sicherlich in einem inneren Zusammenhang mit dem

„neuen Schwergewicht: die Ewige Wiederkehr des Gleichen" im 5. Punkt des oben zitierten „Entwurfs" gedacht worden ist.

Das größte Schwergewicht. – Wie, wenn dir eines Tages oder Nachts ein Dämon in deine einsamste Einsamkeit nachschliche und dir sagte: „Dieses Leben, wie du es jetzt lebst und gelebt hast, wirst du noch einmal und noch unzählige Male leben müssen; und es wird nichts Neues daran sein, sondern jeder Schmerz und jede Lust und jeder Gedanke und Seufzer und alles unsäglich Kleine und Große deines Lebens muß dir wiederkommen, und alles in derselben Reihe und Folge – und ebenso diese Spinne und dieses Mondlicht zwischen den Bäumen, und ebenso dieser Augenblick und ich selber. Die ewige Sanduhr des Daseins wird immer wieder umgedreht – und du mit ihr, Stäubchen vom Staube!" – Würdest du dich nicht niederwerfen und mit den Zähnen knirschen und den Dämon verfluchen, der so redet? Oder hast du einmal einen ungeheuren Augenblick erlebt, wo du ihm antworten würdest: „du bist ein Gott und nie hörte ich Göttlicheres!" Wenn jener Gedanke über dich Gewalt bekäme, er würde dich, wie du bist, verwandeln und vielleicht zermalmen; die Frage bei allem und jedem: „willst du dies noch einmal und noch unzählige Male?" würde als das größte Schwergewicht auf deinem Handeln liegen! Oder wie müßtest du dir selber und dem Leben gut werden, um nach nichts mehr zu verlangen als nach dieser letzten ewigen Bestätigung und Besiegelung? –[99]

Ein Aphorismus, der aus lauter Konjunktiven und Fragezeichen besteht – angemessener Ausdruck für einen Gedanken, der den Erlebenden schaudern ließ. Daß dieser Aphorismus, der zum ersten Mal den Wiederkunfts-Gedanken verkündet, so plötzlich am Ende des vierten Buches auftaucht, mag auf den ersten Blick einen Zusammenhang vermissen lassen. Wer aber weiß, was in Nietzsche seit dem Erlebnis in Sils-Maria vor sich geht, auf welchen Punkt seine Augen sich nun konzentrieren, für den ist dies gar nicht so jäh und unvermittelt. Dieser Aphorismus mußte in dieser Weise geschrieben und hier eingeordnet werden. Bildlich gesprochen überflutet der gewaltige Strom, der sich in Nietzsche aufgestaut hat und Strudel bildet, nun den Damm. Keiner weiß, wohin er drängt, was er mit sich reißt ...

Bekanntlich hat Nietzsche eine Zeitlang überlegt, diesen Gedanken auch „naturwissenschaftlich" zu beweisen und dafür einige

---

[99] C 3, S. 570.

Jahre in Paris oder in Wien Naturwissenschaften zu studieren. Wer Nietzsche ernst nimmt, muß also auch diesen Gedanken ernst nehmen. Ernst nehmen heißt, diesen Aphorismus vorurteilslos einfach so zu lesen und mitzudenken, wie er geschrieben steht, und nicht etwa Überlegungen anzustellen, ob irgendwo irgendwann einmal ähnliche oder verwandte Gedanken gedacht worden sind, was allerdings nicht auszuschließen ist. Mitdenken heißt hier, sich in das „Du" zu versetzen, das vom Dämon angesprochen und herausgefordert ist, sich zu entscheiden.

Wer vom Dämon angerufen ist, der lebt nicht besinnungslos, unter dem Schutt des Alltäglichen, auch ist er nicht ein Mensch, der an Vernunft, Wissenschaft, Fortschritt, an die Menschheitsgeschichte glaubt, auch nicht an eine Jenseitsreligion. Er ist einer, der in „einsamster Einsamkeit" lebt, also der „tolle Mensch", der nicht nur den Tod Gottes verkündet, sondern Mörder Gottes und zugleich Gottsucher ist. Dieses „Du" hat schon den abgründigen Pessimismus eines Silenos erlebt, daß es nämlich das Beste wäre, nicht geboren zu sein, das Zweitbeste, sofort zu sterben. Mit einem Wort: Dieser Mensch weiß, was Nihilismus ist, ist aber noch weit entfernt von irgendeiner Möglichkeit, ihn zu überwinden. Und der Dämon fordert ihn heraus mit der Frage „Was würdest du tun, wenn alles in derselben Reihe und Folge immer wieder zurückkehren sollte?" und zwingt ihn zu einer Entscheidung.

Wenn alles, was ist und war, ewig wiederkehrt, gibt es nichts Neues – kein Schaffen, kein Zerstören, keine Veränderung. Als Schüler in Pforta fragte Nietzsche einmal (s. auch II. Kapitel): „Wo ist der Ring, der ihn (den Menschen) endlich noch umfaßt? Ist es die Welt? Ist es Gott?" Da Gott tot ist, hat er schließlich die Welt gewählt. Aber diese Welt, auch „du und ich", sie alle kommen ewig zurück, so wie sie sind, „ohne Sinn und Ziel, aber unvermeidlich wiederkehrend, ohne ein Finale ins Nichts". In dieser Welt ewiger Wiederkehr ist sogar das Sterben unmöglich, das ein „Finale ins Nichts" sein und Ruhe schenken könnte. Da ist also nichts anderes als die Gegenwart des „extremsten Nihilismus". Zeitlich gesehen bedeutet das den Wegfall von Zukunft. Denn wenn alles, das künftig geschehen kann, schon einmal und unzählige Male geschehen ist, wenn also alles Künftige durch das Vergangene bestimmt ist, dann gibt es keine Zukunft mehr. Zu-kunft heißt doch, daß etwas, das noch nicht da ist, kommen wird. Die Zeit, die wir uns normalerweise als Strom vorstellen, der von der Vergangenheit zur Zukunft fließt, gibt es hier nicht mehr. Und Zeit ohne Zukunft ist nicht mehr Zeit. In solcher Zeitlosigkeit fällt auch der Augenblick als Gegenwart weg. Anders gesagt: Im Augenblick als Gegenwart bricht das Nichts in die Zeit ein, das die Zeit nichtet. Trotzdem bleibt die Schwer-Mut, der Zeitcharakter als Vergangenheit, daß alles schon bestimmt und nicht mehr zu ändern ist. Alles „Es-war" wird als eine unerträgliche Last auf den Augenblick Gegenwart gelegt, zum „Zähne-knirschen". Nicht genug damit; das Am-Leben-bleiben zwingt dazu, unablässig etwas auf Zukunft hin, auf die nicht mehr vorhandene, also auf das Nichts hin, tun zu müssen. Da ist es unmöglich, das Leben einfach so, wie es ist, zu leben. Es bleibt wirklich keine andere Möglichkeit mehr als „sich verwandeln und vielmehr zermalmen". Willst „du" aber trotzdem leben, *mußt* „du" „dies noch einmal und unzählige Male" *wollen*, „nach nichts mehr als nach dieser letzten ewigen Bestätigung und Besiegelung verlangen" *wollen*. „Das größte Schwergewicht" *muß* das Sprungbrett zu einer letzten Entscheidung sein.

In einem anderen Fragment, das wahrscheinlich zur selben Zeit wie der zitierte Aphorismus verfaßt worden ist, möglicherweise als dessen Vorstufe, findet sich folgende Passage:

„Aber wenn alles notwendig ist, was kann ich über meine Handlungen verfügen?" Der Gedanke und Glaube ist ein Schwergewicht, welches neben allen anderen Gewichten auf dich drückt und mehr als sie. Du sagst, daß Nahrung, Ort, Luft, Gesellschaft dich wandeln und bestimmen? Nun, deine Meinungen tun es noch mehr, denn diese bestimmen dich zu dieser Nahrung, Ort, Luft, Gesellschaft. – Wenn du dir den Gedanken der Gedanken einverleibst, so wird er dich verwandeln. Die Frage bei allem, was du tun willst: „ist es so, daß ich es unzählige Male tun will?", ist das *größte* Schwergewicht.[100]

Beide Beschreibungen sagen ungefähr dasselbe, nur drückt es die letzte etwas positiver aus: Wenn du dir den Gedanken der Gedanken einverleibst, wird er dich verwandeln. Und das letzte Wort erinnert

---

[100] C 9, S. 496.

an eine Stelle im „Zarathustra" in dem Kapitel „Vom Gesicht und Rätsel":

Der Hirt (dem sich nämlich die Schlange in den Schlund festbiß) aber biß, wie mein Schrei ihm riet; er biß mit gutem Bisse! Weit weg spie er den Kopf der Schlange –: und sprang empor – Nicht mehr Hirt, nicht mehr Mensch, – ein Verwandelter, ein Umleuchteter, welcher *lachte!*[101]

Dieser Verwandelte ist gewiß der Übermensch, den Zarathustra lehrt, der sich den Gedanken der Gedanken einverleibt hat und zum Leben als „Willen zur Macht" emporgewachsen ist. Wenn „du" dich verwandelt und dir den Gedanken einverleibt hast, dann ist „dir" ein Dämon nicht mehr „Dämon", sondern „ein Gott", doch nicht der christliche, sondern Gott-Dionysos. Für den Verwandelten wird auch „die extremste Form des Nihilismus" verwandelt in die „höchste Formel der Bejahung, die je erreicht werden kann". Erst dann wird das „sinn- und ziellose Leben, das große Umsonst" zum „dies Leben, dein ewiges Leben!"

Hier ließe sich einwenden, es sei unmöglich, solch einen Gedanken wissenschaftlich-objektiv zu verifizieren. Nietzsche selber habe doch von dem „Gedanken *und Glauben*" geschrieben und noch hinzugefügt, der Wiederkunftsgedanke sei die Religion der freiesten, heitersten und erhabensten Seele.[102] Man brauche nun weder einen Glauben noch eine Religion, sondern eine wissenschaftlich bewiesene oder zumindest beweisbare Wahrheit. Angesichts solcher oder ähnlich lautender Kritik müssen wir uns selber fragen, wie der Satz Nietzsches zu verstehen ist: Der Wiederkunftsgedanke „ist die wissenschaftlichste aller möglichen Hypothesen"[103]. Und weiter müßten wir dann fragen, was eigentlich mit Wissenschaft, objektiver Beweisbarkeit, mit Wirklichkeit, Wahrheit gemeint ist. Denn eben dies waren Nietzsches Fragen. Nehmen wir einige der schrecklichsten Untaten, die wir Menschen begangen haben, und fragen wir: Ist es denn möglich, daß Hiroshima, Auschwitz, Vietnam, Jugoslawien sich noch einmal, noch unzählige Male wiederholen?

---

[101] C 4, S. 202.
[102] Nachlaß, B 10.
[103] C 12, S. 213.

Was den „wissenschaftlich-objektiven" Beweis betrifft, können wir zunächst einmal mit Sicherheit sagen, daß es keine Gewähr dafür gibt, daß wir Hiroshima, Auschwitz, Vietnam usw. nie wiederholen, wiewohl wir fest entschlossen sind, solche Untaten nie wieder zuzulassen. Schließlich haben wir sie schon einmal begangen, begehen sie jetzt. Das Begangene ist begangen, nie wieder zu ändern, zunichte zu machen, geschweige denn zu verbessern. Deshalb: „Zähneknirschen und Trübsal", wie Nietzsche im „Zarathustra" schreibt.

Wenn man andererseits meinte, „objektive Tatsachen" wären unabhängig vom „subjektiven Glauben" oder von der „subjektiven Religion" oder vom „uralten Mythos", wäre diese Meinung selber bereits eine Art Aberglaube hinsichtlich der Wissenschaft. Denn die Wissenschaft ist keine letzte Instanz der Wirklichkeit, sie ist ein, aber nur *ein* Weg von vielen, auf denen wir die Wirklichkeit zu erfassen suchen, auf denen sie zu uns kommt, bei uns Menschen realisiert werden kann. Deshalb, und nur deshalb versuchte Nietzsche, eine „fröhliche Wissenschaft" zu treiben als Gegensatz zur nur objektivierenden, vergegenständlichenden, leblosen Wissenschaft.

Was den Mythos angeht, müssen wir erkennen und anerkennen, daß jedes Volk, jede Kultur einen Mythos hatte. Er hat alle Kulturen und Völkerschaften bestimmt und bestimmt sie noch. Die Meinung, daß der Mythos absurd, da „unwissenschaftlich" und deshalb abzuschaffen sei, zeigt wiederum nur eine blinde Gläubigkeit an die „moderne" Wissenschaft.

Wissenschaftliche Kritik am Mythos ist im Recht, wenn sie auf die Grenzen des prä-logischen Denkens in den Vorstellungen des Mythos aufmerksam macht. Sie geht jedoch fehl, wenn sie das Existentielle übersieht, das ihren Kern ausmacht: Die Grundeinstellung, die der Mensch angesichts seines In-der-Welt-Seins einnimmt, und die Einsicht, die er in bezug auf den darin erschlossenen spezifischen *logos* gewonnen hat – das eben ist das Wesentliche der mythisch-religiösen Existenz des Menschen in der vorwissenschaftlichen Gesellschaft. [...] Wissenschaft greift das Mythische sozusagen nur an seiner äußeren Schale an, d.h. insofern sich das Mythische nur in Form imaginativer Vorstellungen präsentiert, und verwirft solche Vorstellungen als unwissenschaftlich. Philosophie neigt hingegen dazu, in ihnen eine symbolische Form des *logos* zu sehen und sie in reinen *logos umzuformen.*

Doch weder die Negation des Mythos durch den wissenschaftlich ausgerichteten Intellekt noch der Versuch des philosophischen Intellekts, Mythos in *logos* umzuwandeln, können das Wesentliche im Mythos erschöpfend erfassen. Das Mythische muß auf das Existentielle zurückgeführt werden, das Ursprung seines Hervorkommens und Kern seines wahren Sinngehalts ist, und muß dann auf der Ebene der Existenz neu ausgelegt werden.[104]

Wenn es also einzig und allein auf die menschliche Existenz ankommt, darf man Nietzsches Wiederkunftsgedanken auch nicht als eine „Wiederholung der Antike" abtun, gerade da man weiß, welch große Bedeutung Nietzsche dem Erleben bei seiner Beschäftigung mit der Philologie beigelegt hat. Eine philologisch objektiv feststellbare Antike existierte für ihn nicht. Man muß also akzeptieren, daß für Nietzsche der entscheidende Gedanke gerade in seiner Unerträglichkeit denkwürdig geworden ist, eben in der Zumutung, Hiroshima, Auschwitz, Vietnam, Afghanistan, Jugoslawien als ewig wiederkehrende Momente der Geschichte anzunehmen, ganz konkret und real.

Kommen wir nun zurück zu dem vom Dämon angesprochenen „Du": Wenn „du" jetzt noch leben willst, jetzt, da alles, was bisher als höchste und letzte Instanz gegolten hat, sich als falsch, als Trugbild herausstellt, dann mußt „du" dich selber bejahen, wie du bist und warst, mußt alles So-sein als das Notwendige annehmen, dann mußt „du" dich verwandeln. Und heißt nicht dieses Sich-Wandeln einmal den eigenen Tod sterben? War es nicht der eigene Tod, den Nietzsche bei jenem erschütternden Erlebnis *gesehen* hat? Den Tod und zugleich das neue Leben, „eine neue Art zu leben" – „Ewigkeit"? Ereignet sich hier nicht die große Wendung („Wende der Not", sagt Nietzsche) vom Leben zum Tode und zugleich vom Tode zum neuen Leben? Die Nichtigkeit der Zeit bricht in den Augenblick ein. Der Zen-Buddhismus nennt dies den „Großen Tod".

In den Kapiteln am Ende des zweiten bis zum Beginn des dritten Teils des „Zarathustra", in denen der Gedanke der ewigen Wiederkunft verkündet wird, spürt man eine unerklärlich unheimliche Stimmung sich ausbreiten. Sie ist Hinweis auf die große Wendung, die sich hier ereignet, die Umkehr des extremsten Nihilismus in

---

[104] Nishitani Keiji: Was ist Religion?, Frankfurt a. M. 1982, S. 272 f.

dessen Überwindung. Die Frage, wie so etwas möglich wird, beantwortet Nietzsche mit: „Frag nicht: warum?" *Nishitani* Keiji schreibt dazu:

Wir können hier nicht nach dem „Warum" fragen. Es kann keine erkennbare Begründung für diesen Umschlag geben: Kein Grund, aus dem er sich ereignet, läßt sich aufzeigen, ist er doch ein Ereignis, das sich in einem viel tieferen Bereich begibt als irgendein anderes Ereignis, für das es Begründungen oder nachweisbare Gründe gibt. Jede mögliche Begründung kann nur, wie die überlieferten Religionen dies getan haben, bei einer „anderen" Seite gesucht werden, bei Gott oder bei Buddha, in der göttlichen Vorsehung etwa oder im Ur-Gelübde des Amida Buddha. Nie aber vermag eine Begründung im Namen Gottes oder des Buddha die Frage des Menschen nach dem „Warum" zu stillen. Ein eindrückliches Beispiel dafür ist das *Buch Hiob*.[105]

Diese Umkehr, besser, die entschlossene Bereitschaft zur Umkehr, formuliert Nietzsche als „amor fati". Amor fati ist nichts anderes als das fast persönliche Bekenntnis zu dieser Bereitschaft, alles als Notwendigkeit anzunehmen.

Zum neuen Jahre. – Noch lebe ich, noch denke ich: ich muß noch leben, denn ich muß noch denken. Sum, ergo cogito: cogito, ergo sum. Heute erlaubt sich jedermann, seinen Wunsch und liebsten Gedanken auszusprechen: nun, so will auch ich sagen, was ich mir heute von mir selber wünschte und welcher Gedanke mir dieses Jahr zuerst übers Herz lief, – welcher Gedanke mir Grund, Bürgschaft und Süßigkeit alles weiteren Lebens sein soll! Ich will immer mehr lernen, das Notwendige an den Dingen als das Schöne sehen: – so werde ich einer von denen sein, welche die Dinge schön machen. Amor fati: das sei von nun an meine Liebe! Ich will keinen Krieg gegen das Häßliche führen. Ich will nicht anklagen, ich will nicht einmal die Ankläger anklagen. *Wegsehen* sei meine einzige Verneinung! Und alles in allem und großen: ich will irgendwann einmal nur noch ein Jasager sein![106]

Die Anfangszeilen „Noch lebe ich, noch denke ich: ich muß noch leben, denn ich muß noch denken" entsprechen den Zeilen des Briefes an Peter Gast im Sommer 1881: „Ich werde wohl *einige* Jahre noch leben." Wir wissen auch aus anderen Briefen, wie tief Nietzsche in diesen Jahren unter dem *Denken*, unter körperlichem

---

[105] Nishitani Keiji: ibid. S. 351.
[106] C 3, S. 521.

Unwohlsein und unter der extremsten Einsamkeit gelitten hat. Nun hat er dieses Leiden – wenn auch nur vorübergehend – durch den erschütternden Überfall des Gedankens überstanden, und inmitten des Erlebnisses ahnt er, wie der Gedanke zu bewältigen ist, nämlich indem er ihn sich einverleibt. Sein Leben, das nur noch ein paar Jahre dauern sollte, war er bereit, dafür zu opfern, für dieses „esse" und für dieses „cogitare", die ein und dasselbe bedeuten. Das ist ihm nun voll und ganz bewußt geworden. Seine zum Bersten volle Seele während des Erlebnisses mündet nun in das ruhige, ernüchternde Bekenntnis: das Notwendige nicht nur mühselig ertragen, sondern lieben zu wollen. Amor fati: Liebe zum Fatum, Liebe des Fatums. Die vor ihm liegenden zehn Jahre werden für ihn ebenso hart wie die zurückliegenden, trotzdem strömt „unser Herz über von Dankbarkeit, Erstaunen, Ahnung, Erwartung, – endlich erscheint uns der Horizont wieder frei, gesetzt selbst, daß er nicht hell ist, endlich dürfen unsere Schiffe wieder auslaufen, auf jede Gefahr hin auslaufen, jedes Wagnis des Erkennenden ist wieder erlaubt, das Meer, *unser* Meer liegt wieder offen da, vielleicht gab es noch niemals ein so offenes Meer"[107] schreibt er nach einigen Jahren. Diese seine letzte Entschlossenheit angesichts des Notwendigen besinnt sich auf den altindischen Spruch, den er als Motto der „Morgenröte" vorangestellt hatte:

> Es gibt so viele Morgenröten,
> die noch nicht geleuchtet haben.
> – Rigveda –

Die Formel „amor fati" taucht von nun an wiederholt in seinen Schriften auf, und jedesmal steht sie für die unerschütterliche Annahme alles Notwendigen. Die anderen für Nietzsches „Philosophie" wichtigen Begriffe wie „Übermensch", „Wille zur Macht", vor allem die „Wiederkunftslehre" selber werden in den verschiedenen Kontexten verschieden nuanciert und nicht so eindeutig verwendet, ja, es hat sogar den Anschein, als wehre er sich gegen Eindeutigkeit. Als „Philosophische Gedanken" sind sie in gewissem Sinne wohl gescheitert, wie im Vorwort bereits erwähnt. „Amor fati" hingegen hat Nietzsche letzte gedankliche Höhe, d. h. jenes ab-

---

[107] FW 5. Buch.

solute Jasagen ermöglicht, welches das „Kindsein" im Spiel vollendet. Hier seien alle Stellen, wo die Formel „amor fati" auftaucht, zitiert:

Zuerst das Nötige – und dies so schön und vollkommen, als du kannst! „Liebe das, was notwendig ist" – amor fati, dies wäre meine Moral. Tue ihm alles Gute an und hebe es über seine schreckliche Herkunft hinauf zu dir.[108]

Ja, ich will nur das lieben, was notwendig ist! Ja! Amor fati sei meine letzte Liebe.[109]

Ich habe mich oft gefragt, ob ich den schweren Jahren meines Lebens nicht tiefer verpflichtet bin als irgendwelchen anderen. So wie meine innerste Natur es mich lehrt, ist alles Notwendige, aus der Höhe gesehen und im Sinne einer *großen* Ökonomie, auch das Nützliche an sich, – man soll es nicht nur tragen, man soll es *lieben* ... Amor fati: das ist meine innerste Natur.[110]

Ich kenne keine andre Art, mit großen Aufgaben zu verkehren als das Spiel: dies ist, als Anzeichen der Größe, eine wesentliche Voraussetzung ... Meine Formel für die Größe am Menschen ist amor fati: daß man nichts anderes haben will, vorwärts nicht, rückwärts nicht, in alle Ewigkeit nicht. Das Notwendige nicht bloß ertragen, noch weniger verhehlen – aller Idealismus ist Verlogenheit vor dem Notwendigen - sondern es lieben ...[111]

Ich selber habe nie an alledem [an der Tatsache, daß er in Deutschland totgeschwiegen wurde – d. Verf.] gelitten; das Notwendige verletzt mich nicht; amor fati ist meine innerste Natur. Dies schließt aber nicht aus, daß ich die Ironie liebe, sogar die welthistorische Ironie ...[112]

Philosophie, wie ich sie bisher verstanden und gelebt habe, ist das freiwillige Aufsuchen auch der verwünschten und verruchten Seiten des Daseins. Aus der langen Erfahrung, welche mir eine solche Wanderung durch Eis und Wüste gab, lernte ich alles, was bisher philosophiert hat, anders ansehn: – die *verborgene* Geschichte der Philosophie, die Psychologie ihrer großen Namen kam für mich ans Licht. „Wie viel Wahrheit *erträgt*, wie viel Wahrheit *wagt* ein Geist?" – dies wurde für mich der eigentliche Wertmesser. Der

---

[108] Nachlaß, B 10.
[109] Nachlaß, B 10.
[110] C 6, S. 346.
[111] C 6, S. 297.
[112] C 6, S. 363.

Irrtum ist eine *Feigheit* ... jede Errungenschaft der Erkenntis *folgt* aus dem Mut, aus der Härte gegen sich, aus der Sauberkeit gegen sich ... Eine solche Experimental-Philosophie, wie ich sie lebe, nimmt versuchsweise selbst die Möglichkeit des grundsätzlichen Nihilismus vorweg; ohne daß damit gesagt wäre, daß sie bei einer Negation, beim Nein, bei einem Willen zum Nein stehen bliebe. Sie will vielmehr bis zum Umgekehrten hindurch – bis zu einem *dionysischen Jasagen* zur Welt, wie sie ist, ohne Abzug, Ausnahme und Auswahl –, sie will den ewigen Kreislauf: – dieselben Dinge, dieselbe Logik und Unlogik der Knoten. Höchster Zustand, den ein Philosoph erreichen kann: dionysisch zum Dasein stehen –: meine Formel dafür ist amor fati ...[113]

Wir haben vorhin gesagt, daß amor fati mit der Bereitwilligkeit für alles Notwendige die letzte Höhe Nietzscheschen Denkens ist. Aber auch hier müssen wir weiter, gründlicher fragen: Auf welchem Grund wird diese Bereitwilligkeit möglich? Ist amor fati noch eine Art willentlicher Akt oder schon etwas anderes, das den Willen selber weit überragt?

In dem oben angeführten Zitat (113) gibt sich das ganze „System" der Nietzscheschen Philosophie recht deutlich zu erkennen. Zwar kommt das Wort „Wille zur Macht" nicht darin vor, aber das Wort „Mut" erinnert uns sofort an jenes „Beiß ab!" im „Zarathustra", und dieses „Abbeißen" ermöglicht, wie gesagt, erst die Verwandlung. Es ist anzunehmen, daß dieser Mut zum Willen gehört. Man kann dies also dahingehend deuten, daß jene große Umkehr bei Nietzsche erst aufgrund dieses „Willens" möglich werden konnte. Dann müßte die Liebe des amor fati doch noch als eine Art Willen ausgelegt werden; Liebe und Wille wären also ein und dasselbe, was man aber nicht so einfach annehmen kann.

Was aber bedeutet eigentlich bei Nietzsche „Fatum" oder „Notwendigkeit"? Wir wissen, daß bereits der achtzehnjährige Schüler in Pforta Schulaufsätze darüber geschrieben hat: über „Fatum und Geschichte", „Willensfreiheit und Fatum" und „Freiheit und Notwendigkeit", eine Thematik also, die im Denken Nietzsches stets wichtig, ja die allerwichtigste geblieben ist. Am Ende gelangt er zu „amor fati" als der letzten und endgültigen Formel. Aber auch dazu

[113] C 13, S. 492.

macht er sehr verschieden interpretierbare Äußerungen: „In Wahrheit ist jeder Mensch ein Stück Fatum."[114] „Höchster Fatalismus, doch identisch mit dem Zufall und dem Schöpferischen."[115] „Weil kein Wille ist, so ist auch kein Müssen."[116] „Meine Vollendung des Fatalismus 1. durch die ewige Wiederkunft und Präexistenz, 2. durch die Elimination des Begriffs „Wille". Man stellt fest, daß Nietzsche in die Begriffe „Willen" oder „Fatum" bzw. „Fatalismus" etwas ganz anderes hineindeuten wollte, als man gemeinhin darunter versteht. Das gilt auch für den Begriff „Notwendigkeit". Wir wissen, daß Nietzsche an mehreren Stellen das Wort in bezug auf den Willen umschreibt mit „Wende der Not":

Wenn ihr Eines Willens Wollende seid, und diese Wende aller Not euch Notwendigkeit heißt: da ist der Ursprung aller Tugend.[117]

O du mein Wille! Du Wende aller Not, du *meine* Notwendigkeit! Bewahre mich vor allen kleinen Siegen![118]

O Wille, Wende aller Not, du *meine* Notwendigkeit! Spare mich auf zu Einem großen Siege![119]

Dieser merkwürdige Ausdruck, den man lediglich für ein unverbindliches Wortspiel halten könnte, beinhaltet etwas sehr Wichtiges: Einmal kann man „Not" als Objekt interpretieren; dann ist das Subjekt das wollende menschliche Ich: Also „mein Wille wendet die Not". Zum anderen kann man „Not" als Subjekt verstehen, dann hieße es: „Die Not wendet (sich) ohne Willen, ohne Zutun irgendeines anderen". Falls das letztere gemeint sein sollte, brauchte der Wille bei Nietzsche nicht mehr Wille und die Liebe im Sinne von „amor fati" kein Willensakt mehr zu sein. Dann würde „die unbedingte oder fatale Notwendigkeit 'lieben' nicht mehr ein Wollen, sondern – von ihm her beurteilt – eine nichts mehr wollende Willigkeit sein, in der sich das Wollen als solches aufhebt" (Löwith). Es ist

---

[114] MA II.
[115] Nachlaß, B 11.
[116] Ibid.
[117] Za I: Von der schenkenden Tugend.
[118] Ibid.
[119] Za II: Von alten und neuen Tafeln.

nicht eindeutig, als was dieses „amor fati" in Hinsicht auf den Willen zu verstehen, zu erleben ist. Das muß vorläufig offen bleiben. Wir werden später noch einmal darauf zurückkommen.

(2) Karma

Jenes absolute Jasagen Nietzsches, das als der Ewige-Wiederkunfts-Gedanke, päziser, als „amor fati" formuliert wurde, wird jeden Buddhisten sofort an die „Karma"- oder an die „Samsara"-Lehre erinnern, welche in engem Zusammenhang mit der Karma-Lehre gedacht ist. Nietzsche bekundete, wie gesagt, ein lebhaftes Interesse für die indische Philosophie, besonders für den Buddhismus. Vor allem in seinen späten Schriften findet man immer wieder Äußerungen über den Buddhismus bzw. den Buddha. Soweit wir wissen, finden sich aber keine Äußerungen über Karma oder Samsara. Trotzdem neigt ein Buddhist zu der Annahme, beide Gedanken bzw. Denkweisen seien wesenhaft verwandt. Freilich kann man nicht behaupten, der Karma-Gedanke sei rein buddhistisch; die Forschung hat gezeigt, daß er schon sehr früh, in der „Veda"-Zeit (etwa 1300–100 v. Chr.) zu finden war und in der „Upanishaden"-Zeit (etwa 800–500 v. Chr.) vervollkommnet wurde. Erst dann ist er in den Buddhismus aufgenommen worden. Auch in der 2500jährigen Geschichte des Buddhismus hat er sich in mannigfaltiger Weise entfaltet und ist je nach Zeit und Ort und Schulrichtung sehr unterschiedlich ausgelegt worden, so daß es zwischen diesen jeweiligen Auslegungen von „Karma" kaum zu vereinbarende, wesentliche Unterschiede geben kann. Fast könnte man sagen, *der* Karma-Gedanke existiere im Buddhismus nicht.[120]

---

[120] Hier wäre hinzuzufügen, daß es im Buddhismus einen als Autorität geltenden Text, wie etwa die Bibel in den jüdisch-christlichen Religionen, nicht gibt. Wie Jesus Christus hat auch Gautama Buddha nichts Schriftliches hinterlassen. Nach seinem Tode versammelten sich seine Schüler wiederholt und legten die Reden des Buddha, die mündlich überliefert waren, schriftlich nieder. So entstanden Die Sutras (Heilige Schriften) in den folgenden fünf Jahrhunderten. Man vermutet sogar, daß einige Sutras erst achthundert

Hier ist jedoch nicht erforderlich, die geschichtliche Entfaltung des Karma-Gedankens zu verfolgen. Erforderlich ist vielmehr, sich einmal einen einfachen Satz über das Karma vor Augen zu halten, wie den folgenden:

Alle bösen Karmas, die ich von alters her begangen habe, sind verursacht von meinen anfanglosen Begierden (skr. „klesa"): der Sucht (skr. „raga"), dem Zorn (skr. „krodha") und der Dummheit (skr. „moha"). Diese Karmas ereignen sich am Leib, am Mund und am Willen.[121]

Dem altindischen Buddhismus zufolge entstehen alle menschlichen Freuden und Leiden aus dem Karma. Karma könnte hier zunächst einmal als „Tat" oder „Tätigkeit" übersetzt werden. Es wird dreifach untergliedert: Karma als Leib (skr. „kaya-karma"), also als Leibhaftigkeit des menschlichen Lebens; Karma als Mund (skr. „vak-karma"), also als Sprache und Sprechen; Karma als Wille (skr. „manas-karma"), wobei „Wille" hier nicht ganz der europäischen Bedeutung entspricht, sondern etwas wie geistige Tätigkeit meint, die sich noch nicht in körperliche Bewegung umgesetzt hat, also etwa das Meinen, das Vorstellen als Vorprägungen und Vorbildungen des Denkens. Diese Voraktivität („manas") könnte auch mit „Bewußtsein", „Bewußtseinstätigkeit" übersetzt werden. Unter den

Jahre nach dem Tod des Buddha entstanden sind, und zwar in China, alle aber sind im Namen Buddhas geschrieben. Man hat aber nie versucht, aus diesen unzähligen Heiligen Schriften einen sozusagen „kirchlich autorisierten" Grundtext zusammenzustellen. Jeder buddhistische „Kirchenvater" nahm eine dieser Schriften als seine Hauptschrift und ordnete alle anderen diesem Haupttext systematisch zu. In dieser Weise kam es zur Entstehung vieler „Schulen" und „Konfessionen". In diesem Sinne könnte der Buddhismus eine „riesige Gedankenströmung" genannt werden, die sich unter fortwährender Anerkennung von „Häresien" entfaltet hat. Er könnte daher mit der Gesamtheit der Gedankenströmungen in Europa verglichen werden (Takeshi Umehara: Gedanken des Buddhismus I, Tokyo 1968). Es ist also nicht so absurd, wie es den Anschein haben mag, Nietzsches Denken, das ungeachtet seiner anti-christlichen Tendenz zweifellos tief religiös geprägt ist, durch einen Vergleich mit dem buddhistischen erhellen zu wollen.
[121] Mahavaipulya-Buddhavatamsaka-Sutra, ungefähr zur Zeit von Christi Geburt.

drei Formen des Karma gilt letztere als Grundbestand des ganzen Karma, denn Karma als Leib, also das menschliche Befangensein in der Leiblichkeit, und Karma als Mund, das menschliche Befangensein in der Sprache, entspringen im Grunde dem Karma als Wille, Bewußtsein, Bewußtseinstätigkeit. Das Wort „Tat" als Übersetzung von Karma ist jedoch unzureichend. Karma muß als „Tat" im weitesten Sinn des Wortes begriffen werden, d. h. einschließlich aller Folgewirkungen für den Täter, also einschließlich der nachhaltigen Wirkungen, die einer bewußten oder unbewußten, willentlichen oder unwillentlichen Tat innewohnen. Je nachdem, ob eine Tat gut oder böse ist, bringt sie für den Täter gute, d. h. erfreuliche und glückliche, oder böse, d. h. leidvolle und unglückliche Lebensumstände hervor. Mit dem Karma-Gedanken hat der altindische Buddhismus zuerst die menschliche Existenz als ein in Tätigkeit und als Tätigkeit Seiendes, und zwar als ein in ihr und ihren Folgewirkungen befangenes Seiendes aufgefaßt und deshalb auf Leben und Tod danach gestrebt, sich von diesem Karma zu befreien, um ins Nirvana, dem Befreitsein von allem Tun und Lassen, zu gelangen.

Dieses Befangensein im Karma herrscht, zeitlich gesehen, nicht nur ein ganzes (biologisches) Leben hindurch, sondern währt von der anfanglosen bis zur endlosen Zeit (wie das oben angeführte Zitat sagt). Auch räumlich ist das anfang- und endelose Leben nicht auf die menschliche Welt begrenzt. Das Menschenwesen, das nur eines der Lebewesen (skr. „sattva") ist, durchläuft mit seinen anfang- und endlosen Wiederholungen von „Geburt und Tod" wie das immer rollende Rad eines Wagens in steter Wandlung die „sechs Welten" (skr. „sat gati"). Die sechs Welten oder Existenzformen sind:
1. Purgatorium (skr. „naraka")
2. Die ewig hungernden Geister (skr. „preta")
3. Tier (skr. „tiryanc")
4. Titanenhafte, kämpferische Dämonen (skr. „asura")
5. Mensch (skr. „manusya")
6. Götter oder Himmelwesen (skr. „deva")

Hier ist zu bemerken, daß „deva" nicht etwa den Himmel im christlichen Sinne oder einen idealen höchsten Zustand bedeutet, sondern nur eine bessere oder höhere Welt als die fünf anderen. Auch in der

„deva"-Welt ist das Leben noch im Karma befangen, wenn auch im geringsten Maße, und wandelt sich wieder in eine andere Welt. „Deva" bedeutet also etwas Ähnliches wie „Götter" im griechischen Sinne. Diese Lehre vom Wandel ist die sogenannte Samsara-Lehre.

Das Wort „samsara" ist vom chinesischen Buddhismus bildhaft mit „ewig rollendes Rad eines Wagens" (chino-jap. „Ru-ten") oder mit „ewig sich wandelndes Fließen" (chino-jap. „Rin-ne") übersetzt worden oder auch einfach mit „(ewig sich wiederholender) Geburt-Tod" („Sho-ji"). Der chinesische und japanische Buddhismus hat die Wirklichkeit des Lebens als ewigen „Geburt-Tod" aufgefaßt. Bedeutungsvoll ist dabei, daß das chinesische und zugleich japanische Zeichen (生) sowohl „Geburt" als auch „Leben" meint. Leben ist also, solange es im Karma gefangen und befangen ist, eine Folge des sich wiederholenden „Geburt-Tod". Hier zeigt sich eine eigentümliche Daseinsauslegung im asiatischen Buddhismus. Gewöhnlich versteht man unter Leben eine 60 oder 70 Jahre während Zeitspanne zwischen Geburt und Tod. *Mein* Leben fängt mit *meiner* Geburt an und endet mit *meinem* Sterben, und vom Augenblick *meines* Sterbens an existiert *mein* Leben nicht mehr, d. h. „ich bin tot". Aber „ich bin tot" kann man nicht sagen, deshalb sagt man, „er oder sie ist – oder – du bist tot" und hört damit auf, über den eigenen Tod nachzudenken. Statistisch gesehen dauert das menschliche Leben tatsächlich 60 oder 70 Jahre, und biologisch gesehen kann tatsächlich niemand seinen eigenen Tod erleben. Aber warum dann die Angst vor dem eigenen Tod? Was bedeutet die statistische Tatsache für den einzelnen, für sein „Ich"? Für ihn existiert der Tod mitten in seinem Leben, und das Leben existiert in jedem Augenblick mit seinem Tod. Im Augenblick der Geburt lebt man schon genug, um sterben zu können. Die übliche Meinung, Leben und Tod seien zweierlei, das Leben sei getrennt vom Tode, der Tod getrennt vom Leben, könnte zwar vom Standpunkt der Wissenschaft Anspruch auf Wahrheit erheben, in Wirklichkeit kann es aber kein „und" zwischen Leben und Tod geben. Leben und Tod sind sozusagen zwei Seiten ein und desselben Blattes Papier. Das Leben ist nur deshalb Angst und Leid, weil es in sich schon den Tod enthält, und der Tod ist nur deshalb angsterweckend, weil er mitten im Leben existiert. Und solange man sich nicht vom Karma zu befreien vermag, wiederholt dieses Leben als „Geburt-Tod" sich ewig. Kurz, der Buddhismus versteht die Wirklichkeit des Lebens, nicht nur die des Menschen, sondern die aller Lebewesen („sattvas") als die anfang- und endlose Wiederholung des „Geburt-Tod" durch die sechs Welten hindurch.

In diesem Karma- und Samsara-Gedanken kommt eine tiefere existentielle Einsicht in die Wirklichkeit des menschlichen Daseins zum Ausdruck. Das möchten wir noch näher erörtern, und zwar unter folgenden Aspekten:
1. der Karma-Gedanke als sinnlich-leibhaftes Selbst-Erwachen[122];
2. karmahaftes Dasein als In-der-Zeit-sein;
3. das menschliche Leben in Samsara als Sattva-Leben.

1. Der Karma-Gedanke als sinnlich-leibhaftes Selbst-Erwachen

Das Verständnis der karmahaften Verfassung der menschlichen Existenz kommt erst zustande durch ein sinnlich-leibhaftes Erleben des Selbst-Erwachens. Für den Buddhisten gibt es im Grunde nur ein Problem, das des ewigen Kreislaufes von „Geburt-Tod" und seine Auflösung. Zwar findet man auch im Buddhismus kosmologische oder gar geologische Äußerungen, beispielsweise etwa wie die Erde

---

[122] Das Wort „Selbst-Erwachen" ist eine unzulängliche Übersetzung des japanischen Begriffs „Ji kaku". Dieses Wort hat im japanischen Buddhismus eine tiefe Bedeutung, für die m. E. kein adäquates Wort in einer europäischen Sprache zu finden ist. Deshalb hier einige Erklärungen dazu: „Kaku" bedeutet etymologisch „wach werden, erwachen, geweckt werden", zunächst im physischen Sinne vom Schlaf, vom Rausch etc. aufwachen, dann aber auch im geistigen Sinne des Aufwachens aus der Unwissenheit (skr. „avidya") zu einem klaren Wissen des wahren So-Seins des Alls (skr. „tathagata"). Dieses klare Wissen bedeutet aber nicht nur ein erkenntnistheoretisches, sondern ist leibhaft, d. h. ein Wissen, das erst durch das Erleben möglich wird. Dies nennt man, vor allem im Zen-Buddhismus, *Satori*, also Erwachen. „Ji" heißt etymologisch „von ... aus, selbst", aber zugleich auch „von selbst" im Sinne „von Natur aus". „Ji" heißt also „selbst", wobei aber „selbst" nicht als „ego" im Sinne einer willentlichen Existenz (s. Anm. 132) zu verstehen ist. „Ji kaku" heißt also dann Selbst-Erwachen, wenn man durch ein ursprüngliches Erlebnis zum eigenen, eigentlichen Selbst zurückerweckt wird und sich als Selbst zurückfindet.

entsteht oder ob die Seele nach dem Verschwinden des Leibes noch lebt und dergleichen. Sie beziehen sich aber stets auf das „Hier und Jetzt" des menschlichen Daseins. Es ist überliefert, daß der Buddha diese Art Fragen einfach unbeantwortet ließ mit der Begründung, sie seien für das Erwachen und für die Suche nach dem Erwachen „unnütz". Der Buddhismus versteht Leben als Leiden schlechthin. Wie die berühmte Legende von dem jungen Prinzen Gautama erzählt, sieht er das Leiden des Menschen in Alter, Krankheit und Tod, aber er sieht das Leiden, das sich in diesen drei Erscheinungsformen zeigt, den Urquell aller Leiden, im Leben selbst. Dieses Leben ist, wie gesagt, der Zwang – sei es mit dem Leib, mit dem Mund oder dem Willen („manas") – immerfort etwas tun zu müssen, aber dieses dreifache Tun des gegenwärtigen Augenblicks ist durchweg bestimmt durch das Karma der endlosen Vergangenheit. Der Karma-Gedanke beruht also nicht auf einer wissenschaftlichen oder „vernünftigen" Auffassung, sondern auf der sinnlich-leibhaften Einsicht, daß die gegenwärtigen Leidenszustände von vornherein durch die eigenen begangenen Karma (skr. „purva karma") verursacht sind. Den Schauplatz des Daseins als Leiden nennt der Buddhismus „das uferlos-endlose Leidensmeer des Geburt-Tod" und sagt: „Mein Leib als der eines der Sattva (Lebewesen) schwimmt und ertränkt sich vom anfanglosen Anfang an bis zu diesem Augenblick unablässig in diesem Leidensmeer und hat keinerlei Möglichkeit, je aus diesem Leidensmeer herauszugelangen."[123] Für diese Einsicht in die Wirklichkeit des Lebens als Leiden ist es in der Tat völlig belanglos und unnütz zu fragen, ob die Welt ein Geschöpf sei oder, wenn nicht, was es mit ihrem Anfang auf sich habe. Diese „alte" Rede hat indes weit über die „Zeit" hinaus auch einen Bezug zu einem modernen Menschen, der schreibt:

Im Vergleich mit der Frage, ob das Leben lebenswert ist oder nicht, ist es ganz und gar gleichgültig, ob die Sonne sich um die Erde dreht oder umgekehrt.[124]

Diese Grunderfahrung übersteigt die zeitliche wie die räumliche Begrenztheit und besagt das gleiche, was etwa der Weise Silenos im

---

[123] Sen-tau, gest. 681.
[124] Albert Camus: Mythos des Sisyphos.

griechischen Mythos gesagt hat. Existential-philosophisch gesprochen ist jene Grunderfahrung die des sich eröffnenden Nichts, in welches das Dasein hineingehalten ist. Diese Erfahrung gehört nicht dem Bereich der rationalen Gedankenwelt an, sie gehört zur Sache des Selbst-Erwachens des Menschen – „Ji-kaku" –, der nur als Leib existiert und denkt.

Ständige Verwandlung in der Abfolge von Geburt-und-Tod, endloses Werden als Wesen unseres Seins, ist das Ergebnis unserer eigenen Handlungen, unserer drei *karmas*: körperlichen Tuns, Sprechens und Denkens. Sie entspringt aus diesen körperlichen und geistigen Handlungen, die wesentlich vom Willen beherrscht und zugleich von den „weltlichen Leidenschaften" begleitet sind. Indem unsere jetzige Existenz durch das *karma* unbegrenzter Vergangenheit bestimmt ist und ihrerseits das *karma* unbegrenzter Zukunft bestimmt, werden unsere gegenwärtigen willentlichen Handlungen in der Perspektive endlos verhängter Kausalität in ihrem Wesen offenbar.

In der Sicht jener ständigen Verwandlung in der Welt von Geburt-und-Tod bedeutet „Verhängnis" bzw. „Geschick" grundsätzlich, daß ein jeder ohne Ausnahme die Früchte seines eigenen Tuns erntet. Existenz als Leiden läßt sich nur dann in ihrem wahren Aspekt erfassen, wenn sie als „Selbst-Aneignung der Konsequenzen des eigenen Tuns" verstanden wird. Man könnte sagen, daß der Gesichtspunkt Geburt-und-Tod in der Perspektive von *samsara* ein tiefes existenziales Verstehen des Daseins ausdrückt.[125]

2. Karmahaftes Dasein als In-der-Zeit-sein

Der Gedanke, daß der karmahafte Mensch sich im Samsara befindet, versteht menschliches Dasein als In-der-Zeit-sein; die Endlichkeit seines Daseins wird als endlose Endlichkeit gefaßt. Unser endliches Dasein als Leiden endet der Samsara-Lehre zufolge nicht im Augenblick unseres Sterbens, es wandelt sich lediglich und rollt ewig durch die sechs Welten, von der anfanglosen Vergangenheit in die endlose Zukunft. Um mit Nietzsche zu sprechen: „Das Nichts (das Sinnlose) ewig!". Das heißt für Nietzsche, für uns alle „die extremste Form des Nihilismus".

Für denjenigen, der meint, sein Leben und auch sein Tod endeten mit dem Sterben, ist der glühende Wunsch, dem Leben als „Geburt-

---

[125] Nishitani Keiji: Was ist Religion?, Frankfurt a. M. 1982, S. 266 f.

Tod", also dem Samsara-Leben, mit allen Kräften zu entkommen, schlechthin unverständlich. Er meint, mit seinem Tod sei alles vorbei. Darin steckt etwas Wahres. Der Selbstmörder hegt den verzweifelten und in der Verzweiflung um so stärkeren Wunsch, alles beenden zu wollen. Solange man *das* Leben nur als das eines einzelnen betrachtet, hat man damit ja recht. Aber das Problem „Leben", des Lebens schlechthin, gilt für alle. Auch wenn ein einzelner Mensch durch Selbstmord „verschwunden" ist, ist dieses Problem nicht verschwunden. Es bleibt ungelöst, solange Lebewesen existieren. Wagt man weiter zu denken, kommt man zu der Erkenntnis, daß Selbstmord begehen das Widersprüchlichste ist, was man tun kann, denn man verübt nur deshalb Selbstmord, weil man ein wahres Leben leben möchte, das man auf *dieser* Welt nicht für möglich hält, also nur weil man nicht weiß, was das wahre Leben eigentlich sein sollte. Ein Mensch, der niemals bewußt oder unbewußt den Wunsch nach wahrem Leben gehegt hätte, würde nie Selbstmord begehen. Das Problem „Leben" aber wird auch durch den Selbstmord nicht gelöst, allenfalls verwischt. Ob man am Leben bleibt oder nicht, Leben bleibt Samsara als ewiger „Geburt-Tod". Die Endlichkeit menschlichen Daseins *ist* als Samsara die endlose Endlichkeit:

Einerseits ist in der Logik des Verstandes mit seinem diskursiven Denken, das eigentlich dazu bestimmt ist, nichts als endliche Dinge zu begreifen, unendliches Endlichsein ein bloßer Widerspruch. Bei dem Versuch, es uns vorzustellen, stürzen wir zwangsläufig in Antinomien. Andererseits: Nach der auf intuitivem Denken beruhenden Logik der Vernunft, die Unendliches als ein Ganzes mit einem Schlag erfaßt, ist die Vorstellung von Unendlichkeit in Form der unendlichen Endlichkeit kein wahrer Begriff von Unendlichkeit. Jedenfalls läßt sich von einem „unendlich Endlichen" bzw. von einer „endlos währenden Endlichkeit" kein legitimer Begriff herleiten. Dergleichen wäre überhaupt sinnlos.

Indem aber der Mensch vom Standpunkt der Existenz aus die eigentliche Endlichkeit als in ihrem Wesen „unendliche Endlichkeit" gewahrte, ist darin etwas eingeschlossen, das sich nicht einfach als logischer Unsinn abtun läßt. Vielmehr zeigt der „logische" Widerspruch des unendlichen Endlichseins hier, daß Endlichkeit in radikaler Weise, als bis zu ihren Wurzeln zurückgehende erschlossen wurde. Gemeint ist damit das Offenbarwerden des Wesens von Endlichkeit *als* Endlichkeit. Eine derartige Wesensoffenbarung ist nicht durch begriffliches Nachdenken über Endlichkeit möglich, sondern allein auf dem Weg existentiellen Selbst-Gewahrens (Selbst-Erwachens im Sinne von Ji-kaku – Verf.), Angesicht zu Angesicht mit der eigenen Endlichkeit.[126]

Hier wird der Grundcharakter menschlichen Daseins als endlose Endlichkeit aufgedeckt. Und erst hier kann es ein „Transzendieren" geben, jodo-buddhistisch: das „Gelöbnis"[127] (skr. „pranidhana"), aus dem endlosen Karma-Samsara-Leben hinüberzugehen ins Nirvana.

Gerade diese Stufe der Transzendenz als der „Gelassenheit" oder die Stufe des „Trans-Deszendenz", der gegenüber sogar dieser immer zu sich selbst zurückkehrende Kreislauf der absoluten Vernunft noch immanent bleibt, ist der Ort, wo sich Geburt-und-Tod als ein endlos sich drehendes „Rad des Werdens" (samsara, kyklos geneseos) herausstellt, als der zu sich selbst zurückkehrende kreisförmige Prozeß des endlichen Seins als solchem.[128]

3. Das menschliche Leben in Samsara als Sattva-Leben

Vorhin haben wir gesagt, daß das Problem Leben, wiewohl durch und durch das des einzelnen Menschen, zugleich das Problem aller Menschen ist. Darüber hinaus muß Leben nicht nur für alle Menschen, sondern für alle Lebewesen (Sattva) ein Problem sein. Unter dem Wort „Sattva" versteht man normalerweise „alle Lebewesen", zuweilen aber auch „alles lebende und leblose Seiende", d. h. alles, was ist. In diesem Sinne sagt man: „Alles und alle, auch Berge, Flüsse, Gräser und Bäume werden Buddha." Hier beschränken wir aber vorläufig die Bedeutung des Wortes auf „alle Lebewesen".

Bei der Samsara-Lehre der Wandlung durch die sechs Existenzbereiche hindurch handelt es sich, wie gesagt, nicht nur um das menschliche Leben, sondern um das Leben als „Geburt-Tod" aller Lebewesen.

Wenn aber die Eigentümlichkeit des Menschen im allgemeinen darin besteht, daß er Vernunft hat, muß dieses existentielle Ergründen des menschli-

---

[126] Nishitani Keiji: ibid. S. 267 f.
[127] Die Übersetzung von pranidhana als „Gelöbnis" ist unzureichend und bedarf dringend eines neuen Durchdenkens. Zum Verständnis hier sollte man wissen, daß „Gelöbnis" von ahd. „gilouban" abgeleitet ist und „glauben" eine aktive wie passive Bedeutung enthält.
[128] Nishitani Keiji: ibid. S. 270.

chen Seins und auch dessen existenziale Auslegung natürlich jenseits des „menschlichen" Gesichtskreises liegen als ein der Dimension ekstatischer Transzendenz zugehöriges Ereignis.[...] Zur Wesenserhellung des Menschseins ist es nötig, die anthropozentrische Denkweise und damit den Gesichtskreis, als dessen Zentrum der Mensch sich selbst denkt, zu durchbrechen.

Wenn also der Buddhismus in einem allumfassenden Horizont, der auch alle nur möglichen anderen Seinsformen, alle verschiedenen Spezies von „Lebewesen" in der Welt in sich schließt, Geburt-und-Tod des Menschen, d.h. die in der „Mensch" genannten Spezies sich zeigende Endlichkeit als Kreislauf in den „Sechs Pfaden" erkannt hat, so kann man sagen, daß gerade dadurch das wahre Verständnis des Wesens von Geburt-und-Tod des Menschen hervorgebracht wurde. Dies stellt eine Einsicht in Geburt-und-Tod dar, die bis zum Bereich der Gelassenheit reicht, indem sie alles durchsichtig macht. Geburt-und-Tod wird hier im wahren Sinn als Geburt-und-Tod gesehen.[129]

Erst wo ein neuer, über die bloß menschliche Sichtweise hinaus sich erweiternder Horizont eröffnet wird, kann der menschliche „Geburt-Tod" als der einzig wahre „Geburt-Tod" gedacht werden. Denn der Mensch ist erst aufgrund dessen Mensch, daß eine über das bloß Menschliche hinaus- oder hinunterreichende Tiefe ihm zugrundeliegt.

Die Samsara-Lehre macht uns klar, daß ein Mensch nicht als Mensch, sondern als eines der Sattva durch den ewig sich wiederholenden „Geburt-Tod" durch sechs Welten hindurch im grund- und uferlosen Leidensmeer wandeln muß. Hier taugt die Würde des Menschen nicht mehr, vielmehr ist sie, etwa anderen Tieren gegenüber, eine Anmaßung. („Der Mensch ist viel tierischer als das Tier", sagt Nietzsche.) Wie die anderen Lebewesen ist der Mensch leibhaft, d.h. im Leib gefangen und befangen. Die Samsara-Lehre lehrt uns also die Verzweiflung, aber nicht die des Menschen, sondern die des Sattva. Anders gesagt: Durch die Samsara-Lehre kommt man zur sinnlich-leibhaften Einsicht in die abgründige Tiefe des Daseins.

---

[129] Nishitani Keiji: ibid. S. 270f. In der von Nishitani autorisierten Übersetzung wird immer wieder der Ausdruck „Geburt-und-Tod" verwendet. Der Verfasser zieht jedoch aus den bereits erörterten Gründen den Ausdruck „Geburt-Tod" vor.

Diese tiefe Einsicht weckt in uns zugleich den brennenden Wunsch – also jenes Gelöbnis –, aus dieser strengen Kausalität des Karma-Samsara an das „Jenseitsufer" des uferlosen Leidensmeeres zu gelangen *mit* allem Sattva zusammen. Denn das wahre Befreitsein vom Karma ist erst dann verwirklicht, wenn es allen Lebewesen zugleich zuteil wird.

Somit faßt auch der Buddhismus das Problem des Daseins als „Geburt-Tod" durchaus als Problem des Einzelnen, den Einzelnen aber nicht als selbständiges, unabhängiges Individuum auf, denn alles Seiende ist In-Beziehung-sein, In-Abhängigkeit-sein (skr. pratitya-samutpada). Dieser Sanskritbegriff wird gewöhnlich als Kausalität oder Kausallehre ins Deutsche übersetzt, sollte aber im weitesten Sinne des Wortes verstanden werden.

Unter dem Wort Kausalität versteht man normalerweise ein Verhältnis, eine Relation zwischen zwei Sachen, die in zeitlicher Abfolge stehen, also zuerst Ursache, dann Wirkung. Aber pratitya-samutpada bedeutet darüber hinaus Wechselwirkungen in Gleichzeitigkeit, Koexistenzverhältnisse, aber auch logische Verhältnisse wie Identität, Relativität usw. So ist das Wort eher als Relation überhaupt zu verstehen, nicht so sehr als Kausalität [...] Pratityasamutpada bedeutet also Abhängigkeit schlechthin, welche Kausalität als Zeitfolge und logische Relativität in Gleichzeitigkeit in sich enthält.[130]

Mit einem Wort: Alles, was ist, besteht nur in Relation zu allem anderen, nur in Abhängigkeit von allem anderen. Daher rührt die berühmte, für einen Abendländer schwer zu verstehende Lehre von der „Ichlosigkeit" im Buddhismus, die Leugnung der als das Unabhängige schlechthin *gedachten* Ich-haftigkeit.

Wenn man von dieser Auffassung des Menschseins als In-Relation-sein her über das Problem Karma nachdenkt, zeigt sich eine noch tiefere Bedeutung: Karma besteht zwar zum einen im leibhaften Dasein des Einzelnen, zum anderen aber kann es das Karma des Individuums gar nicht geben. Obwohl alles Tun des einzelnen Menschen in der anfanglosen Vergangenheit sich auf ihn selber bezieht und er allein dafür verantwortlich ist, bezieht sich sein Tun und dessen Folgewirkungen auf alles andere und auf alle anderen, weil

---

[130] Kajiyama Yuhichi: Bukkyo no Shiso (Gedanken des Buddhismus), Bd. III, Tokyo 1969, S. 68 f.

alles, auch das menschliche Dasein, In-Relation-sein ist. Die Tatsache, daß der Mensch als *eines* der Sattva karmahaftes Dasein ist, ist nicht zu trennen von derjenigen, daß auch der Mensch nur als In-Abhängigkeit-sein von allem und allen ist. In der japanischen Sprache heißt Mensch „Nin-Gen". „Nin" als solches bedeutet bereits „Mensch", gewöhnlich fügt man aber noch das Wort „Gen" hinzu, das eigentlich „zwischen" oder „Raum", in dem etwas da ist, bedeutet. Das Wort „Nin-Gen" allein besagt also schon, daß der Mensch in und zwischen und mit Menschen zusammen erst Mensch ist, nicht etwa, daß da zuerst ein „Ich" oder ein „Du" ist, und dann erst ein „Zwischen" als Ich-Du-Beziehung[131]. Der Mensch, jedes Le-

---

[131] In Hinsicht auf diese „Ich-Du-Beziehung" ist der Bericht eines japanischen Psychiaters aufschlußreich. Hier sei zitiert: „Dasselbe Verhältnis läßt sich vielleicht an Hand eines japanischen Wortes, das dem deutschen „Selbst" entspricht, noch weiter verdeutlichen. Das Wort heißt „Jibun". Die erste Silbe „Ji" bedeutet „von sich aus", „von Natur aus" oder „aus eigenem Antrieb". Etwas Entscheidendes wird aber ausgesprochen von der zweiten Silbe „bun", die „Anteil" bedeutet. Das Wort „Jibun" bedeutet demnach „Anteil an etwas, was von sich selbst oder von Natur aus entsteht". Die Frage nach diesem Etwas sei noch eine Weile zurückgestellt. Entscheidend ist für uns, daß hier das Selbst als „Anteil an etwas" und das Selbstsein demgemäß als „Anteilhaben, Teilnehmen an etwas" begriffen ist. Es braucht nicht eigens gesagt zu werden, daß dieses Etwas vom Gesichtspunkt des Selbst aus betrachtet etwas Außenstehendes ist. Durch das Wort „Jibun" wird also ein Verhältnis des Selbst zu etwas Äußerem bezeichnet, und nicht, wie vom Begriff Selbst in den europäischen Sprachen, etwas, was in sich ruht. Das Selbst des Japaners findet sich nie in sich selbst, sondern immer draußen im Verhältnis zu anderen. Das Innerste des Innern befindet sich im Außen. Deshalb habe ich vorhin gesagt, daß die Gegenüberstellung von Innen und Außen ein wahrhaftes Verständnis der japanischen Mitmenschlichkeit von vornherein unmöglich werden läßt. Wie ich an anderem Ort [...] ausgeführt habe, hat die japanische Sprache kein echtes Fürwort wie „ich" oder „du". Natürlich kann das „ich" oder „du" durch verschiedene Wörter ausgedrückt werden, aber in einer ganz natürlichen mitmenschlichen Situation spricht man einfach ohne jedes Fürwort. Dort gibt es auch keine Endungen der Verben, die das Subjekt des Satzes verdeutlichen könnten. Also ist im natürlichen Gespräch weder ein „ich" noch ein „du" anwesend. Präsent ist nur die Sache, über die das „ich" und das „du" sich

bewesen, ist doch erst durch die Beziehung zweier verschiedener Geschlechter in die Welt, d. h. in die Relation geboren und nicht aus „freiem" Willen als unabhängiges und selbständiges Ich. Der Karma-Gedanke im Buddhismus besagt also, daß der Mensch als ein Sattva in seinem leibhaften Dasein mit all seinen Tätigkeiten und deren Folgewirkungen in Abhängigkeit von allem und allen lebt, und zwar in der Samsara-Welt.

Im Buddhismus spricht man gewöhnlich von drei Weisen des Karma: dem guten, dem bösen und dem neutralen Karma. Nach dieser Auffassung wirkt das in der Vergangenheit begangene gute bzw. böse Karma auf die gegenwärtigen Umstände gut bzw. böse ein, während das Karma, das wir in der Gegenwart auf die Zukunft hin begehen, nicht unter den Einflüssen der vergangenen Karma steht. Die Zukunft ist also offen. Ob auch in der Zukunft gute oder böse Umstände entstehen, hängt davon ab, wie man sich in der Gegenwart verhält. Man kann sich auf die Zukunft hin mit einer Art freiem Willen so entscheiden, daß ein gutes, erfülltes und höheres Leben zustandekommt. Deshalb versuchten die Buddhisten seit jeher durch strenge Übungen und Meditationen, sich vom Karma zu befreien und Nirvana zu erreichen. Der Mahayana-Buddhismus hat in diesem Zusammenhang den Gedanken der Sunyata entfaltet. Sunyata wird oft übersetzt als Leerheit oder Wesenlosigkeit (engl. 'emptiness' oder 'nonsubstantiality'). Philologisch sind diese Über-

---

unterhalten, um die es dem „ich" und „du" gemeinsam geht. Wo es eine gemeinsame Sache gibt, um die es zwei Menschen geht, dort entstehen von selbst und von Natur aus die zwei Subjekte, zwei Selbst, die sich dann „ich" und „du" nennen können, aber nicht umgekehrt. „Ich" und „du" entstammen einem gemeinsamen Ursprung, auf den beide verwiesen sind, an dem sie miteinander Anteil haben. Dieser Ursprung liegt „zwischen" ich und Du. Doch dieses „Zwischen" verwirklicht sich erst als „Zwischen", nachdem es von sich aus Ich und Du hat entstehen lassen. Es ist ja gerade dieses „Zwischen" oder „Vorzwischen", an dem das „Jibun", das Selbst, jeweils Anteil gewinnt, um wirklich sich selbst zu werden." (Bin Kimura: „Mitmenschlichkeit in der Psychiatrie. Ein Beitrag aus aisiatischer Sicht." Zeitschrift f. klin. Psychologie und Psychiatrie, Bd. 19, 1971) Vgl. dazu Martin Buber: „Ich und Du" in: Werke, Bd. I, München und Heidelberg, S. 77 ff. S. a. Kapitel III.

setzungen zwar nicht falsch, den Sinn geben sie aber m. E. nicht ganz richtig wieder. Sunyata wäre besser mit „Entleerung als Erfüllung", „Leersein als Erfülltsein" oder „die vollkommene Leere als wunderbare Erfüllung und Wirkung" zu übersetzen[132]. Dieser Gedanke ist von Nagarjuna (ca. 150–250 v. Chr.) als Einheit von logischer und mystischer Grunderfahrung systematisch durchdacht worden; hier ist der Grund für die weitere Entfaltung des Mahayana-Buddhismus gelegt worden. Auf der Höhe dieses Selbst-Erwachens ereignet sich nicht nur die Überwindung von Samsara ins Nirvana, sondern auch die Umkehr von Nirvana zu Samsara: „Nirvana gleich Samsara, Samsara gleich Nirvana".

Allein, es ist sehr schwer, ja beinahe unmöglich, wie leicht einzusehen ist, durch strenge Übungen und Meditation zum Selbst-Erwachen als der Sunyata-Wahrheit zu gelangen. Das ist nicht jedermanns Sache. Nur wenige, denen es gegeben ist, kraft ihres eigenen Willens das leibhafte Dasein als Karma restlos zu überwinden, können auf diesem Wege das Selbst-Erwachen erreichen, aber auch ihnen ist das meist erst möglich, wenn sie vor all den kleinen und großen Alltäglichkeiten des Lebens fliehen und irgendwo abseits der Menschenwelt „in der Wüste" oder im Kloster diese Übungen machen. Deshalb nennt man diesen Weg den „Weg der Schwerübung". Was soll, was kann aber ein durchschnittlicher, „normaler" Mensch tun, der genau so tief wie die wenigen oder gar noch tiefer als diese im uferlosen Leidensmeer des Karma-Samsara stöhnt und ächzt und nicht für die Schwerübung begabt ist? Zwar kann auch er die Wahrheit der Sunyata nicht bezweifeln, aber er fühlt sich angesichts der Unerreichbarkeit der Wahrheit kraftlos, machtlos, und um so mehr spürt er die Schwere seines Karma. Nun gewinnt das Karma, das als das begangene und vergangene Karma (skr. purva karma) Glück

---

[132] Die Paradoxie der Interpretationen asiatischen Denkens ergibt sich nicht nur aus der Eigenart des asiatischen Denkens, sondern auch aus der Struktur des abendländischen Denkens, in dem solche Interpretationen sich begrifflich artikulieren müssen. Was in Asien als Einheit gedacht werden kann, auch sprachlich, also auch logisch, fällt im Abendland auseinander in subjektive und objektive Bestimmungen, deren Koinzidenz nur paradox zum Ausdruck gebracht werden kann. S. a. Kapitel III.

und Unglück, Freude und Leiden seiner gegenwärtigen Umstände bestimmt hat, so sehr an Gewicht, daß es auch Gut und Böse seines gegenwärtigen Tuns bestimmen kann. Die nicht nur die Gegenwartsumstände, sondern auch seine Zukunft bestimmende und bedingende Karma-Macht führt ihn dahin, daß er die Hoffnung auf Nirvana in diesem Leben aufgeben muß. So finden wir in einer Schrift des Jodo-shin-Buddhismus (der eine der größten, noch lebenden Kofenssionen neben dem Zen-Buddhismus in Japan ist) ein Bekenntis abgrundtiefer Verzweiflung und Ohnmacht des „Willens" angesichts des Karma:

Wo sich in uns ein Wille zum Guten regt, geschieht es immer nur darum, weil uns ein früheres gutes Karma dazu bewegt. Und ebenso ist es nur vom bösen Karma verursacht, wenn von uns das Böse gedacht und getan wird. [...] Es gibt keine einzige begangene Sünde, die nicht vom Purva-Karma herrührt, sei es auch noch so winzig klein wie das Stäubchen auf des Hasen oder des Schafes Fell. [...] Wenn alles so ginge, wie man es wollte, könnte man tausend Menschen um der Hingeburt[133] (ins Reine Land) willen sofort umbringen. Indessen zwingt einen kein Karma dazu, auch nur einen Menschen umzubringen. Es ist das Karma und nicht 'mein' gutes Herz, das über Töten und Nicht-Töten entscheidet. Denn andererseits kann es wohl möglich sein, Hunderte und Tausende von Menschen ums Leben zu bringen, auch wenn man nicht wollte. [...] Wie könnten wir dann aus dem ewigen Kreislauf von Geburt-Tod herauskommen, wenn wir nur durch das Einhalten von Geboten und Verboten an das Gelöbnis glauben können? [...] Wenn die Zeit kommt und die jeweiligen karmischen Bedingungen es veranlassen, wird jeder alles Mögliche begehen können![134]

---

[133] S. Anm. 136.

[134] „Tannisho", Abschnitt 13. – Tannisho gehört nicht zu den Schriften, die *Shinran* (1172–1262), der Begründer des Jodo-shin Buddhismus selbst geschrieben hat. Der Verfasser ist sein Schüler Yuien. Yuien schreibt in der Vorrede zu diesem Büchlein: „Ich schreibe hier etwas von dem nieder, was der selige Weise Shinran gesagt hat und was ich noch im Ohr habe", und auch: „Ich bedaure, daß viele vom wahren Glauben [...] abweichen!" Tannisho heißt etwa: Das Büchlein vom Bedauern über das Abweichen vom Glauben. Die erste Hälfte dieses Büchleins (1.–10. Abschnitt) gibt lauter Worte wieder, die Shinran mündlich mitgeteilt hatte, und die zweite Hälfte (11.–18. Abschnitt) enthält Gedanken, in denen Yuien den damaligen abweichenden Glauben bedauert und ihn aufgrund von Shinrans Glaubenslehre

Diese wenigen Zeilen zeigen, wie gründlich das Problem von Willen und Notwendigkeit im Hinblick auf das Karma durchdacht, wie tief über das Problem von Gut und Böse leibhaft-existentiell nachgedacht worden ist. Mit Shinran wollen auch wir noch einmal über diese Fragen nachdenken.

Wille, Freiheit, Willensfreiheit, freie Selbstentscheidung – was ist das eigentlich? Am Leben bleiben heißt, wie gesagt, immer und überall, solange man wach ist (es gibt auch das Problem des Schlafes und des Traumes im Schlaf, das wir aber hier nicht behandeln können), mit Leib, Mund oder voraktivem Akt gezwungen sein, etwas zu tun. Im alltäglichen Leben sind uns nicht immer alle einzelnen Tätigkeiten bewußt, nur die bedeutenderen, Folgen nach sich ziehenden Taten kommen uns klarer ins Bewußtsein, und wenn zwei oder mehr Möglichkeiten vorhanden sind und wir eine von ihnen wählen müssen, weil wir gezwungen sind, etwas zu tun, dann entscheiden wir uns mit dem sogenannten freien Willen. In diesem Fall ist uns sehr klar bewußt, was wir tun und wie wir handeln. Es ist also richtig zu sagen, daß die willentliche Bewußtheit bezeichnend ist für das menschliche Tun, aber die bewußte willentliche Tätigkeit schließt keineswegs alles menschliche Tun ein. Nur ein ganz geringer, für den Agierenden besonders bedeutsamer Teil der Tätigkeit taucht an der Oberfläche des Bewußtseins auf: „Das Bewußtsein *ist* die Oberfläche", sagt Nietzsche.

Für die „Entscheidung mit dem freien Willen" scheint dasselbe zu gelten. Sicher entscheiden wir uns mit unserem „freien Willen" in etwas, für oder gegen etwas und auch auf etwas hin. Zu fragen ist dabei, ob diese willentliche „freie" Entscheidung nicht bereits ein

---

kritisiert. Das Büchlein ist eine Art Anmerkung zu dem, was Shinran in seinem Hauptwerk „Kyogyoshinsho" (ca. 1224) ausführlich beschrieben hat. Es ist über die Konfessionen hinaus in breiten Schichten des Volkes nicht nur seinem Inhalt, sondern auch dem Stil nach sehr beliebt. Es wurde auch in einige europäische Sprachen übersetzt: 1. „Tannisho", a Tract Deploring Heresies of Faith (Kyoto 1961); 2. „Tannisho", das Büchlein vom Bedauern des abweichenden Glaubens (Tokyo 1965); 3. „Tannisho", Les quatre grands maitres de Buddhisme (Paris 1965); 4. Okochi Ryogi und Klaus Otte: „Tan-ni-sho. Die Gunst des Reinen Landes" (Bern 1979).

Annehmen dessen ist, was zuvor schon über unseren freien Willen hinaus entschieden ist. Angenommen, wir sind mit unserem freien Willen zu einer Entscheidung gekommen und fragen nun nach dem Grund oder der Ursache für diese freie Entscheidung, dann bekommen wir keine Antwort, oder doch: Moral, Ethik, Menschenwürde, Gesetz, Pflicht, Gerechtigkeit oder Gott, so meinen wir, haben uns befohlen, uns so zu entscheiden. Wenn wir aber noch einmal fragen, warum Gott oder die Gerechtigkeit usw. uns dies befehlen, wie Freiheit und Befehl sich aufeinander beziehen, dann gibt es keine Antwort mehr, sondern es taucht noch eine weitere Frage auf: „Was also ist das sich so oder so entscheidende Subjekt, dieses „Wir" oder „Ich"?" „Gibt es ein von allem und allen freies, unabhängiges, so selbstverständlich 'Selbständiges'?" Die buddhistische Antwort darauf haben wir schon gehört, nämlich: Alles Seiende – auch „ich", auch „wir" – ist In-Abhängigkeit-sein von allem und allen. Demnach würde freie Entscheidung heißen: „Wir als das In-Abhängigkeit-sein entscheiden uns freiwillig und unabhängig so oder so." Anders gesagt: Die Entscheidung ereignet sich bei uns und in uns als dem In-Abhängigkeit-sein. Dieser Satz klingt wiederum paradox, aber anders läßt es sich nicht sagen.

Betrachten wir unsere konkreten Tätigkeiten im Alltag, dann sehen wir, wie oft wir dies oder jenes nicht und nicht so getan haben und tun, obwohl wir genau zu wissen meinen, was wie, wann und wo wir tun sollten. In diesen Fällen können wir wohl sagen, unsere Willenskraft sei nicht stark genug (gewesen). In der Tat gibt es willensstarke und willensschwache Menschen; auch bei ein und demselben Menschen ist die Willenskraft je nach den Umständen einmal stärker oder schwächer. Der Unterschied zwischen Willensstärke oder -schwäche ist im Grunde aber relativ. Man könnte also sagen, nicht nur die Stärke des Willens, sondern auch der „freie Wille" gehörten in den Bereich des Relativen. Buddhistisch gesprochen ist die freie Entscheidung des Sattva eine vom Karma vor-entschiedene, vor-bedingte, die wir als eines der Lebewesen als unsere Entscheidung annehmen. Selbstverständlich ist das, was wir getan haben, was in uns getan worden ist, *unsere* Tat und wir sind für sie verantwortlich, obwohl wir gar *nicht* für sie verantwortlich sein können. Dieses belastende Gefühl, diese Einsicht in die Schwere des Menschseins heißt sinnlich-leibliches Annehmen, also Selbst-Erwachen des Karma, vor allem des schon begangenen, vergangenen Karma (purva karma). Der unwiderrufbare Vergangenheitscharakter des „purva karma" dürfte dem entsprechen, was Nietzsche im „Zarathustra" sagt:

„Es war": also heißt des Willens Zähneknirschen und einsamste Trübsal. Ohnmächtig gegen das, was getan ist – ist er allem Vergangenen ein böser Zuschauer.

Nicht zurück kann der Wille wollen, daß er die Zeit nicht brechen kann und der Zeit Begierde, – das ist des Willens einsamste Trübsal.[135]

Über diese Wirklichkeit des Willens als des vom Karma Vorherbestimmten sagt „Tannisho" ganz konkret: „Es gibt keine einzige begangene Sünde, die nicht vom Purva-Karma herrührt, sei es auch so winzig klein wie das Stäubchen auf eines Hasen oder eines Schafes Fell." Auch wenn man sich „um der Hingeburt willen" fest entschlossen hat, „tausend Menschen zu töten", kann man ohne Veranlassung des „purva karma" keinen einzigen töten, und auch wenn man umgekehrt zu dem festen Entschluß gelangt, niemanden ums Leben bringen zu wollen, bringt man unter Umständen, d. h. vom Karma dazu veranlaßt, „tausende und abertausende Menschen um".

Im „Tannisho" ist als Beispiel einer menschlichen Tätigkeit Mord angeführt, der wohl keine alltägliche Sache ist. Und doch ist Mord eigentlich auch nichts Außeralltägliches, denkt man z. B. nur einmal an den Mord bei einem Verkehrs*unfall*: Wer ist da eigentlich der Mörder? Ist es der Fahrer, das Auto, der Verkehrszustand oder ...? Man findet kaum jemanden, der sich als Täter erkennen oder bekennen würde, man kann keinen 'Mörder' nennen. Der Gegenbegriff zu „Unfall" wäre „Versicherung"; sie erledigt alles, aber wie erledigt sie es, was oder wen versichert wie wogegen? Oder man denke an den Krieg, der bisher in der Welt noch nicht vermieden worden ist. Wenn die Geschichte der Menschheit die der Kriege ist – und so ist es ja leider –, dann ist die Geschichte der Menschheit die des Mordens (auch ohne namhaft zu machende Täter?). Jeder Krieg ist bisher von allen Beteiligten immer irgendwie gerechtfertigt worden,

---

[135] Za II: Von der Erlösung.

sei es im Namen des Vaterlandes, des Staates, der Freiheit, der Selbstverteidigung (wann hätte das Militär sich je als angreiferische, mörderische Macht bezeichnet?), der Demokratie, der Unabhängigkeit, des Friedens, ja sogar im Namen Gottes. Und Geistliche nehmen als Feldgeistliche daran teil, die doch das Wort „Du sollst nicht töten!" nicht nur glauben, sondern predigen sollten. Nun behauptet man: So geht es nicht weiter, jetzt, wo es so viele Kernwaffen gibt, daß die gesamte Menschheit mehr als vierzigmal getötet werden könnte. Idealisten behaupten und schwören, man dürfe keinen Krieg mehr führen, alles solle man dafür einsetzen, Krieg zu vermeiden, selbstverständlich zurecht. Optimisten oder Realisten (oder Heuchler?) sagen, es sei bereits unmöglich geworden, einen totalen Krieg zu führen *dank* den Kernwaffen, selbstverständlich zu unrecht. Man kann sagen, behaupten, gar schwören, was man mag. Dadurch ist nicht zu leugnen, daß die Geschichte der Menschheit die des Krieges war, und das, was die Menschheit, der Mensch, was „man" einmal begangen hat, ist nie hinwegzuleugnen oder gar zu verbessern. Solange die Menschheit nicht eine Mutation durchmacht, gibt es keine einzige Garantie dafür, daß sie keinen Krieg mehr führt. Das wird leider nach dem Wegfall des sog. Kalten Krieges immer deutlicher: inzwischen wird sogar schon angereichertes Uran auf dem Schwarzmarkt verkauft. Der Krieg, ist er nicht doch das Karma, das „purva karma" der Menschheit? „Wenn es so ginge, wie man es wollte!" In diesem Wort zeigt sich die absolute Verzweiflung in bezug auf den Willen des Menschen als Sattva im Karma-Samsara-Leidensmeer, d. h. die tiefe Einsicht in das Wesen des Menschseins.

Ja, wenn alles so ginge, wie der Mensch es will, wie die Vernunft, die Moral, das Gewissen, der freie Wille, die Gerechtigkeit es ihm befehlen; wenn er künftig nur das Wahre, Gute und Schöne schaffen, das Böse vermeiden oder gar vernichten könnte und wenn die Liebe sich unter allen Menschen ausbreiten würde! Wie aber sieht die Wirklichkeit aus? Man könnte dem entgegenhalten, dies sei eine zu pessimistische Sicht; auch wenn oder gerade weil es in Wirklichkeit so sei, in der Vergangenheit so war, dürfe es in der Zukunft so nicht mehr sein; man solle versuchen, alles daran zu setzen, die Welt zu verbessern, zu verändern, sie, wenn auch nur annähernd, wahrer, besser, schöner zu machen ... Man hat ja recht. In der Tat hat die

Menschheit in ihrer langen Geschichte dies versucht und versucht es weiter. Man muß erkennen und anerkennen, welche eine große Rolle dieser Versuch des guten Willens in der Geschichte spielt. Der Idealismus hat – so sehr Nietzsche ihn auch verurteilt – in der Geschichte der Menschheit derart große Fortschritte und Entwicklungen bewirkt, daß man angesichts solcher Herrlichkeit fast blind geworden ist und nicht mehr in der Lage ist zu sehen, was dahinter steckt. Idealismus, Fortschritt, Entwicklung oder Sollen, der Imperativ oder der gute freie Wille, oder wie immer sonst man dies nennen mag, handelt es sich da nicht doch um Fiktionen? Mit Nietzsche: um notwendige Fiktionen, damit man ruhig schlafen, d.h. blind bleiben kann?

Dem könnte man entgegenhalten, einen absolut freien Willen gebe es zwar nicht, einen relativ freien und guten Willen aber doch. Man dürfe nicht das Absolute verlangen, sondern müsse mit dem Relativen zufrieden sein, müsse damit auskommen ... Dieses Argument ist stichhaltig im Bereich der alltäglichen Einzelheiten. Im Bereich des Denkens aber, wo es sich um „Geburt-Tod", um die Existenz handelt, verliert das Relative seinen Sinn und seine Bedeutung.

Wenn es sich nun so verhielte, daß nicht nur die vergangene, sondern auch die künftige Tätigkeit, die willentlich entschieden werden soll, bereits durch das „purva karma" vorbestimmt ist, wäre der Karma-Gedanke womöglich nichts anderes als Fatalismus?

Bevor wir diese Frage beantworten, wollen wir über das Problem von Gut und Böse im „Tannisho" nachdenken. In dem oben zitierten Satz aus dem „Tannisho" wird alles menschliche Tun (= Karma) ausschließlich vom ethisch-moralischen Standpunkt aus betrachtet. Demzufolge gibt es keine Tat, die weder gut noch böse ist; eine Tat ist stets entweder gut oder böse. Und weil die Tat als solche nicht durch den freien Willen bestimmt werden kann, da sie ja allein vom Karma vorherbestimmt ist, ist auch das Gute oder Böse einer Tat durch das „purva karma" bestimmt. Dies besagt aber nicht, daß es weder gute noch böse Taten gebe, daß moralische Kriterien entfielen. Es handelt sich hier vielmehr um das innerste, innige Bekenntnis, daß „ich" einfach nicht dazu veranlagt bin, etwas Gutes zu tun. „Die Hölle wird sicherlich mein Wohnort sein, da ich keinerlei Übungen (zum Guten) fähig bin", heißt es im 2. Abschnitt desselben Büchleins, und: da ich

„ein Wesen schwerster Sünden und mächtigster Leidenschaften (skr. klesa)" bin (1. Abschnitt), und weiter: „bei uns gemeinsten Wesen voller Leidenschaften und in dieser unserer Welt, die so unbeständig ist wie ein brennendes Haus, ist ja alles Trug und Wahn und nichts wahr!" (Nachrede). Shinran sagt also nicht etwa, es gebe weder Gutes noch Böses, sondern er selber sei, moralisch gesehen, das Böse schlechthin. Aber diese Beurteilung und Verurteilung erfolgt noch durch ihn selbst, ihn, der zu nichts fähig ist. So wagt er noch einen Schritt und sagt: „Ich weiß überhaupt nicht, was gut, was böse ist" (Nachrede). Er überspringt das ethisch-moralische Kriterium, besser gesagt, er wird über es hinweggetragen, er ist a-moralisch, über-moralisch, unter-moralisch. Im gewöhnlichen Sinne tut er als Mensch auch etwas Gutes und auch etwas Böses, doch wenn er etwas Gutes tut, ist er darauf stolz, und dieser Stolz wendet sich gegen den anderen, kritisiert ihn, macht ihm Vorwürfe, tötet ihn womöglich. Und auch wenn er etwas Böses tut, kann er nicht hinreichend einsehen, daß er Böses tut, weil er mitten in Avidya lebt, weil er im Kern seines Wesens karmahaftes Dasein ist, weil er nicht anderes tut, als „nach außen nur die Gebärde der Wahrheit, Güte, Beflissenheit zu zeigen, im Innern aber zu heucheln!" (13. Abschnitt).

Wenn der Karma-Gedanke den freien Willen, den Willen überhaupt, relativiert und damit auch das moralische Kriterium von Gut und Böse seine Bedeutung verliert, handelt es sich dann dabei nicht doch um einen allzu pessimistischen Fatalismus? Für denjenigen, für den der Karma-Gedanke lediglich eine *Lehre*, eine *Weltauslegung* ist, die mit der eigenen Existenz im Grunde gar nichts zu tun hat, beinhaltet dieser Gedanke tatsächlich Fatalismus im schlechtesten Sinne. Aber das Karma besteht, wie gesagt, nur in der sinnlich-leibhaften Einsicht, d.h. in dem im eigenen Erleben sich ereignenden Selbst-Erwachen (Ji-kaku).

Wir haben wiederholt das Wort „leibhaft" gebraucht. „Leibhaft" bedeutet, daß wir als Leib leben, d.h. wir essen, wenn wir Hunger haben, schlafen, wenn wir müde werden; und wenn der Schlaf, das Essen und sonst etwas, das wir zur Lebenserhaltung unbedingt brauchen, gefährdet sind, töten wir unter Umständen auch einen anderen Menschen. Das ist die wahre Wirklichkeit leibhaften Daseins. (Den Gegensatz Leib-Körper kennt der Buddhismus nicht, wie der

Sattva-Gedanke zeigt.) Weil wir ein solches leibhaftes Dasein sind, empfinden wir das Leben als so schwer und als Leiden schlechthin und hegen im Innern den heißen Wunsch, diese Leben als Geburt-Tod in Samsara irgendwie zu überstehen hin zur Welt der „Tathagata". Weil wir aber leibhaftes Dasein sind, tun wir „alles unter der Einwirkung des bedingenden Karma. Und eben diesen Widerspruch, diese Paradoxie des leibhaften Daseins nennt der Buddhismus „Karma". Wer das Leben als nicht vom Tode getrennt sieht und einsieht, daß der Tod mitten im Leben ist, der lebt das Leben in Einverständnis mit dem Karma und nimmt den Tod als Erfüllung des Karma an. Noch einmal sei betont, daß der Karma-Gedanke die sinnlich-leibhafte Einsicht und das Selbst-Erwachen des Lebens ist; „zwar mag er kein Satori (Erwachen) des Heiligen sein, aber doch ein Satori des Sattva, des klesa-belasteten Wesens (skr. prthagjana) des „man" (etwas anders verstanden als das Heideggersche „man"), das mit 'klesa' im Leidensmeer lebt.

Freilich kann sich dieses Selbst-Erwachen nicht durch Menschenkraft ereignen. Wie die Dunkelheit erst durch das Licht als dunkel erkannt wird, kann der Grund und Ursprung des Menschen erst durch das erhellt werden, was über das Menschliche hinausgeht, daruntersteht. Die Einsicht, daß Leben im Samsara Leiden schlechthin ist, wird erst durch das, was außerhalb des Samsara steht, ermöglicht. Dieses Namenlose, Unbenennbare heißt im Buddhismus „Dharma", „Tathagata" oder „Andere Kraft". So im „Tannisho": „Die Andere Kraft besteht ja gerade darin, daß man sich ganz auf das Hauptgelöbnis verläßt, indem man alles, sei es Gutes, sei es Böses, dem Karma anheimstellt" (13. Abschnitt). „Andere Kraft" bedeutet die dem Menschen nicht eigene Kraft. Sie besteht über der eigenen oder einer anderen Kraft, oder besser, sie erst ermöglicht jene beiden. Deshalb heißt sie auch „die absolut Andere Kraft". Das absolute Vertrauen in diese Andere Kraft ereignet sich erst aufgrund der oben erwähnten radikalen Verzweiflung an allem Menschlichen. Das Vertrauen selbst wird von der Anderen Kraft gegeben, es entsteht nicht aus menschlichem Vermögen. Glaube ist bei Shinran nichts anderes als dieses absolute Vertrauen auf das Gelöbnis von Amida-Tathagata, ist also etwas Gegebenes; nicht „ich glaube an ...", sondern in mir *ist* Glaube. Erst durch dieses gegebene Vertrauen ist man über

Gut und Böse hinaus: „Beim Hauptgelöbnis von Amida-Tathagata kommt es nicht darauf an, ob man jung oder alt, gut oder böse ist, sondern einzig und allein auf den Glauben. Denn das Gelöbnis ist gerade dazu da, den Wesen schwerster Sünde und mächtigster Leidenschaften zu Hilfe zu kommen. Wer also ans Hauptgelöbnis glaubt, der hat anderes Gutes nicht nötig; denn es gibt nichts Besseres als Nembutsu (Anrufen des Namens Amida-Tathagatas); der braucht sich vor dem Bösen nicht zu fürchten; denn nichts Böses ist imstande, Amidas Hauptgelöbnis irgendwie zu stören" (1. Abschnitt). Hier begegnen wir dem Herzensbekenntnis absoluten Vertrauens in Amida-Tathagata und zugleich der tiefsten Äußerung der Freude am Leben. Hier begegnen wir der tiefen Einsicht in das wahre Wesen unseres Selbst und der Welt.

Während das Sattva-Leben durch und durch vom Karma bestimmt ist, wird durch dieses Vertrauen „in mir" trotzdem zugleich das „Hinüber" über das Karma vorweggenommen. Das bedingte und bestimmte leibhafte Dasein wird trotzdem und zugleich die Bestätigung der über-leibhaften Tathagata. Dieses „trotzdem und zugleich" nennt Shinran „Natürlichkeit": „Das ist Natürlichkeit. Natürlichkeit ist das, was sich ohne unser eigenes Zutun ereignet. Darin besteht eben gerade die Andere Kraft" (16. Abschnitt). Natürlichkeit heißt aber auch alles, was von Natur aus so ist, wie es ist, also Notwendigkeit ist. Karma gehört in diesem Sinne auch zur Natürlichkeit und heißt „Karmaweg = Natürlichkeit". Karma, also die absolute Notwendigkeit, wird hier trotzdem und zugleich zum absoluten „Über-das-Karma-hinüber", d.h. es wird Freiheit, und das Gut-und-Böse ist trotzdem und zugleich „Über-Gut-und-Böse-hinaus".

Dieses „trotzdem und zugleich" ereignet sich in einem Nu, es hat keine Dauer. Solange wir leibhaftes Dasein sind, verfallen wir aus diesem Augenblick der Einheit immer wieder der Widersprüchlichkeit des Leibes, des Bewußtseins. Deshalb ist eben das Selbst-Erwachen des Karma nicht das Satori des Heiligen. Das Satori des Heiligen wird wie bei den altindischen Brahmanen als „Tat tvam asi" (du selbst bist es) bezeichnet oder, wie im Zen, als „Hier und jetzt Buddha werden". Das Satori des „man" (skr. prthagjana) im Jodoshinshu heißt jedoch „Hingeburt". Genauer übersetzt heißt Hingeburt „der starke Wunsch (skr. pranidhana), in das Reine Land geboren zu werden". Das „Reine Land" ist der Gegensatz zum unreinen Land, dem Meer des Leidens. Das „Reine Land" ist das Land des Amida-Tathagata. Hier stoßen wir wieder auf eine Paradoxie, denn Geborenwerden ist jenseits unseres Wünschens und Wollens. Wir können nicht aus eigenem Wunsch und Willen geboren werden, wird *sind* geboren *worden*. Und doch wünschen und wollen wir, in das Reine Land geboren zu werden.

Obwohl wir glauben, wir seien ein mit freiem Willen begabtes absolutes Subjekt, sind wir es, wie schon gesagt, nicht. Das ist ganz offenkundig und eindeutig, wenn wir an den Anfang unseres Daseins denken. Was das Entstehen unseres Lebens betrifft, sind wir ebenso unfrei und abhängig wie andere Lebewesen oder gar ein Stein am Wegesrand, denn wir sind durch Etwas, das nicht wir sind, in die Welt gesetzt worden. Dieses Etwas sind, biologisch gesehen, unsere Eltern, weil sie uns gezeugt haben (schon das Wort „zeugen" klingt widersinnig, als ob sie, die Eltern, nicht ihr Leib, uns hätte zeugen wollen). Und auch sie sind von ihren Eltern, also unseren Großeltern, geboren worden und diese wiederum von unseren Urgroßeltern ... Mit einem Wort: Wir alle sind geboren worden von Etwas, das nicht wir sind, in die Welt gesetzt, angerufen. Und wenn uns einmal das Erwachen kommt, daß wir angerufen sind, haben wir den heißen Wunsch, dem, was da ruft, entgegenzueilen, der Tathagata. Dieses Entgegengehen eben ist der Wunsch, Buddha zu werden. Er erfüllt sich auf dem „Weg der schweren Übungen", dem „Weg des Heiligen" also (beispielsweise im Zen) „hier und jetzt"; nach dem „Weg der leichten Übungen", dem „Weg ins Reine Land" also (beispielsweise im Jodoshin) als Hingeburt. Das Wort „Hingeburt" hat einen Beiklang von Zukünftigem, was dem zeitlichen Charakter des „purva karma" als Vergangenheit entspricht.[136]

Wiederholt waren wir gezwungen, paradoxe Äußerungen zu ma-

---

[136] Das Problem der Zeit müßte eigentlich noch genauer und ausführlicher behandelt werden. Hier sei nur so viel angedeutet: Der Mensch als Sattva in Samsara, der ganz und gar durch die Vergangenheit (purva karma) bestimmt ist, fängt in der Gegenwart des leibhaften Daseins an, in die Zukunft hineingeboren zu werden, Buddha zu werden.

chen und fügen nun noch eine paradoxe Wendung im Hinblick auf das klesa-volle Dasein des Menschen hinzu:

> Wandernd im Garten der Samsara, im Walde der Klesa,
> Bezeugend Geheimnis, Freiheit spielend,
> So ist erreicht das Land des Boddhisattva.[137]

Nicht nachdem Klesa (Im-Leiden-Befangensein, Begierde oder Sehnsucht) und Samsara vollkommen überwunden sind, sondern mitten „im Garten der Samsara, im Walde der Klesa" erreicht „man", d. h. Sattva, das Land des Boddhisattva, des erleuchteten Sattva.

(3) Amor fati und Karma – das Problem des Willens

Wir wollen nun wieder zu Nietzsches „amor fati" zurückkommen und diesen Gedanken im Lichte des buddhistischen Karma-Gedankens noch einmal befragen. Die bisherigen Überlegungen haben eine gewisse Wesensverwandtschaft der beiden Gedanken, besser, der beiden Denkweisen erkennen lassen, die keineswegs oberflächlich ist, sondern zum Wesen der beiden Denkweisen zu gehören scheint. Zumindest folgende Gemeinsamkeiten lassen sich aufzeigen:

1. Wiederkehr und Samsara sind beide mythisch, d. h. leibhaft und auf die Zeitlichkeit des Daseins hin gedacht.
2. Beide bejahen oder nehmen alles so an, wie es war und ist, der eine als Fatum und Notwendigkeit, der andere als Karma und Leben.
3. Für beide ist der höchste Zustand des Menschen 'Spiel', für den einen ein Spiel im Kindsein, für den anderen ein Spiel im Garten der Klesa.
4. In beiden ereignet sich eine absolute Umkehr.

Bedenkt man die Unterschiedlichkeit der geschichtlich-gedanklichen Hintergründe beider Denkweisen und auch, daß es zwischen beiden kaum eine Berührung gegeben hat, ist diese Gemeinsamkeit wirklich erstaunlich. Es ist durchaus möglich, daß die oben entfaltete

---

[137] Vasuvandhu: Amitayus-sutropadesta (ca. 400–480?).

Nietzsche-Auslegung bereits stark buddhistisch geprägt ist. Wenn aber unsere Auslegung von „amor fati" nicht ganz falsch ist, dann ist unsere Vermutung hinsichtlich einer Verwandtschaft oder Gemeinschaft zwischen den beiden Gedanken einigermaßen berechtigt.

Überhaupt begegnen wir in allen großen Gedanken einem Punkt, an dem sie sich, ungeachtet ihrer verschiedenen Herkunft, kreuzen, auch wenn sie dann womöglich wieder auseinanderlaufen. Daß es solch einen Punkt gibt, ist eine Bestätigung dafür, daß jeder menschheitliche Gedanke universal ist, und für uns Mitdenkende kommt es darauf an, diesen Punkt in jedem Gedanken ausfindig zu machen. Allerdings ist er, wie mir scheint, nicht so sehr in einem gedanklichen System als vielmehr im Ansatz des denkerischen Erlebnisses zu finden; anders ausgedrückt: in der Identität des ursprünglichen Erlebnisses. Für den Mitdenkenden geht es also darum, den in verschiedenen Systemen und in verschiedenen Sprachen zum Ausdruck gebrachten und an verschiedenen Orten, zu verschiedenen Zeiten sich ereignenden Gedanken wieder- und mitzuerleben, d. h. die Identität des Urerlebens wieder- und mitzuerleben. Nur dieses Wieder- und Miterleben kann die Gewähr sein für ein Vertrauen in die Gedanken der Menschheit. Unsere Aufgabe wäre also, diesen Punkt, die Identität des ursprünglichen Erlebens, in jedem wesentlichen Gedanken im Osten wie im Westen, im Norden wie im Süden ans Licht zu bringen.

Damit ist aber nicht etwa gemeint, man solle verschiedene Gedanken nebeneinander stellen und dann die Ähnlichkeiten aufsuchen. So paradox es auch klingen mag, genau das Gegenteil ist gemeint. Wir bewältigen die uns gestellte Aufgabe nur, wenn wir die wesensverwandten Gedanken in ihrer Verschiedenheit respektieren, sie einander gegenüberstellen und auf jeweils verschiedenen Wegen zum gemeinsamen Ursprung aller Gedanken zurückgelangen. In unserem Kontext heißt dies, daß es nun gilt, die Frage, die wir am Ende des ersten Paragraphen dieses Kapitels offen gelassen haben, ob „amor fati" noch „Wille" sein kann, zu vertiefen. Was bedeuten „amor fati", „Wille" bei Nietzsche? Wie beziehen sie sich aufeinander? Ist es Nietzsche gelungen, über den „Willen" hinauszugelangen? Wenn ja, wohin?

Nicht ohne Grund nannte man die Philosophie Nietzsches „Willensphilosphie". Zwar hat Nietzsche kein Buch mit dem Titel „Wille zur Macht" geschrieben, der Gedanke des „Willens zur Macht" ist aber zweifellos grundlegend für sein Philosophieren. Der „Wille zur Macht" ist sozusagen der rote Faden, der sich durch sein gesamtes Denken hindurchzieht. Es ist bekannt, daß seine Willensphilosophie durch Schopenhauer angeregt worden ist. Schopenhauers Willensphilosophie hat, unter negativen Vorzeichen, den jungen Nietzsche sehr stark beeinflußt. Nietzsche war gezwungen, sich mit diesem Einfluß auseinanderzusetzen, ihn zu überwinden und sozusagen ins Gegenteil zu kehren. Die Philosophiegeschichte des Abendlandes lehrt uns, daß bei jedem großen Denker der „Wille" eine bedeutende Rolle gespielt hat, nicht nur bei Schopenhauer und Nietzsche, auch bei Leibniz, Kant, Schelling und Hegel, und nicht nur im Bereich der Philosophie, sondern generell in den jüdisch-christlichen Religionen, die das Abendland bestimmten und immer noch bestimmen. Abgesehen von komplizierten theologischen Überlegungen zu diesem Problem hören wir heute noch tagtäglich im „Vaterunser": „Dein Wille geschehe!" Diese drei Worte machen deutlich, daß in der christlichen Religion Gott vor allem Wille ist und daß der Glaube an Gott die Einwilligung in den Willen Gottes ist. Im Hebräischen meint „Wille" Richtung, Gerichtetsein. Für uns Asiaten ist es erstaunlich zu sehen, welch eine große Rolle der Wille nicht nur in Bereich des philosophisch-religiösen Denkens, sondern vor allem auch im Alltagsleben spielt. Dieser Wille ist bestimmt durch Ethos und die anderen abendländischen Tugenden: Ehrlichkeit, Klugheit, Tapferkeit, Tat, Treue, Gehorsam, Gewissen, Verantwortung, Pflicht, Recht, Auftrag, Berufung – mit einem Wort: Gerechtigkeit. Es ist auch gar nicht zu bezweifeln, daß die große Kultur und die fortschreitende Zivilisation des Abendlandes, die die ganze Erde beherrschen, ohne dieses Ethos des Willens nicht denkbar wäre. So ist es auch nur konsequent, wenn z. B. Heidegger in bezug auf den „Willen zur Macht" schreibt:

„Das Seiende nach seinem Grundcharakter als Willen begreifen, ist keine Ansicht von einzelnen Denkern, sondern eine Notwendigkeit der Geschichte des Daseins, das sie begründen."[138]

---

[138] Martin Heidegger: Nietzsche I, S. 46.

Heidegger zufolge ist also der Grundgedanke des Seienden Wille, und diese Auffassung ist nicht irgendeinem einzelnen Denker zu eigen, sondern eine Notwendigkeit abendländischer Denkgeschichte. Demgemäß schreibt Heidegger an anderer Stelle:

Amor – die Liebe ist als *Wille* zu verstehen, als der Wille, der will, daß das Geliebte in seinem Wesen sei, was es ist. Der höchste und weiteste und entscheidendste Wille dieser Art ist der Wille als Verklärung, der das in seinem Wesen Gewollte in die höchsten Möglichkeiten seines Seins hinaus- und hinaufstellt.

Fatum – die Notwendigkeit ist zu verstehen: nicht als beliebiges und irgendwo abrollendes, sich überlassenes Verhängnis, sondern als jene Wende der Not, die im ergriffenen Augenblick sich als die Ewigkeit der Werdensfülle des Seienden im Ganzen enthüllt: circulus vitiosus deus.

Amor fati ist der verklärende Wille zur Gehörigkeit zum Seindsten des Seienden. Das Fatum ist wüst und wirr und niederschlagend für den, der nur dabeisteht und sich davon befallen läßt. Das Fatum ist jedoch erhaben und die höchste Lust für den, der weiß und begreift, daß er als Schaffender, d. h. immer als Entschiedener dazugehört. Dieses Wissen ist nichts anderes als das Wissen, das in jener Liebe notwendig mitschwingt.[139]

Diese Auslegung ist vielleicht die prägnanteste und abendländischste, die je in bezug auf 'amor fati' geschrieben worden ist. Damit ist aber nicht unbedingt gesagt, daß sie das, was Nietzsche mit der Formel „amor fati" eigentlich zum Ausdruck bringen wollte, auch wirklich erhellt. Wir halten zunächst einmal inne und fragen, ob „amor" überhaupt als Wille zu verstehen ist. Fragen müssen wir, und zwar aus zweierlei Gründen: Einmal, weil wir außerhalb der Denktradition stehen, in der Wille als Grundcharakter des Seienden begriffen wird. Dieses „außerhalb" erlaubt uns eine solche Auslegung nämlich nicht ohne weiteres. Zum anderen, weil wir der Ansicht sind, daß dieses „amor" etwas anderes, mehr bedeuten könnte, als in Heideggers Auslegung.

Amor fati – Liebe zum fatum, Liebe des Fatums. Betrachtet man diese Formel im Zusammenhang des Nietzscheschen Denkens insgesamt, spürt man, daß in der „Liebe" durchaus eine Art Wille mitschwingt, was dazu verleiten könnte, Liebe mit Wille zu übersetzen.

---

[139] Martin Heidegger: ibid. S. 470 f.

Aber Nietzsche schreibt eben nicht „Wille", sondern „amor", „Liebe". Versteht man aber das Wort Liebe als „Liebe von etwas zu etwas", dann ist die Liebe, wie der Wille, der Spaltung von Subjekt und Objekt unterworfen. Ebenso wie beim Willen, der ein „Verhalten in Richtung auf etwas" ist, und bei dem die Kluft zwischen dem Wollenden und dem Gewollten, mag sie auch noch so klein sein, nicht zu überbrücken ist (über die kleinste Kluft sei am schwersten hinüberzuspringen, sagt Nietzsche), verhält es sich mit der Liebe. Zwischen dem Liebenden und dem Geliebten öffnet sich ein nicht zu überwindender Abgrund. Oder wäre es möglich, daß Liebe eigentlich eine Identifikation des Liebenden mit dem Geliebten bedeutet, daß in der Liebe das Liebende und das Geliebte eins sind? Oder entfaltet sich durch die Liebe das ursprüngliche Eins-sein erst in das Zwei-sein? Oder anders ausgedrückt: Ist Liebe nicht der ständige Wechsel vom Eins-sein zum Zwei-sein, vom Zwei-sein zum Eins-sein? Solche Liebe zu vollziehen, ist dem Menschen – dem leibhaften Dasein als Sattva – aber kaum möglich; christlich gesprochen, wäre sie nur als Liebe Gottes möglich, denn Gott ist ja nichts anderes als Liebe. Gott ist Liebe, Gott ist Wille. Wäre dann „amor" im christlichen Sinne doch Wille?

Auch für Nietzsche selber scheint die Bedeutung des „amor fati" nicht restlos klar geworden zu sein, d. h., wie in anderen Fällen hat er auch diesen nicht ganz zu Ende gedacht, was sich u. a. in der Form des Verbums zeigt, das sich auf das grammatikalische Subjekt „amor fati" bezieht. Nach der Kröner Taschenausgabe findet sich die Formel „amor fati" sieben mal in seinen Schriften:

Amor fati: das sei von nun an meine Liebe. (FW)
Amor fati das sei meine letzte Liebe. (Nachlaß, B 10)
Amor fati, das ist meine innerste Natur. (NW, EH)
Meine Formel für die Größe am Menschen ist amor fati. (EH)
Dionysisch zum Dasein stehn: meine Formel dafür ist amor fati. (WM)
Amor fati, das wäre meine Moral. (Nachlaß, B 10)

Schon auf den ersten Blick ist augenfällig, daß das Verbum „sein" bald im Konjunktiv, bald im Indikativ gebraucht wird. Ist das so zu deuten, daß „amor fati", das höchste und letzte Bekenntnis zum Leben, noch nicht zu letztem Vollzug gelangt, sondern als Wunsch, als Postulat hingestellt ist? Oder hat es den Charakter eines Bekenntnisses?

Auch Sinn und Bedeutung von „Fatum" sind nicht eindeutig. In „Menschliches Allzumenschliches II" lesen wir die schon einmal zitierte Stelle:

In Wahrheit ist jeder Mensch selber ein Stück Fatum; wenn er [...] dem Fatum zu widerstreben meint, so vollzieht sich eben darin auch das Fatum; der Kampf ist eine Einbildung, aber ebenso jene Resignation in das Fatum, alle diese Einbildungen sind im Fatum eingeschlossen.[140]

Nietzsche gibt als Beispiele für all diese Einbildungen den Kampf gegen das Fatum und die Resignation in das Fatum an. Gehören aber das Bejahen desselben und gerade auch die Liebe zum Fatum nicht ebenfalls zu den Einbildungen? Wenn dies so wäre, dann gäbe es außer dem Fatum nichts, weder Wille noch Liebe zum Fatum noch Liebe des Fatums. Alles wäre im Fatum, ja alles wäre Fatum. Ob Nietzsche mit dem obigen Satz das meint? Weitere bemerkenswerte Zeilen sind im Nachlaß zu lesen:

Grundsatz: *jedes* Erlebnis, in seine Ursprünge zurückverfolgt, setzt die ganze Vergangenheit der Welt voraus, – ein Faktum *gut* heißen, heißt *alles* billigen! Aber indem man alles billigt, billigt man auch alle vorhandenen und gewesenen *Billigungen* und *Verwerfungen*! (§ 260)

Den ungeheuer *zufälligen* Charakter aller Kombinationen erweisen: *daraus* folgt, daß *jede* Handlung eines Menschen einen *unbegrenzt großen* Einfluß hat auf alles Kommende. Dieselbe Ehrfurcht, die er rückwärts schauend, dem ganzen Schicksal weiht, hat er sich selber *mit* zu weihen. Ego fatum. (§ 261)

Meine Vollendung des Fatalismus 1. durch die ewige Wiederkunft und Präexistenz, 2. durch die Elimination des Begriffs „Wille". (§ 262)[141]

Der innere Zusammenhang der drei Aphorismen ist ziemlich eindeutig. Was der Paragraph 260, vor allem dessen erste Hälfte, besagt, hat große Ähnlichkeit mit der Karma-Lehre, während die zweite Hälfte willentliche Akte wie „gutheißen", „billigen" oder „verwerfen" andeutet. Diese sind aber im Grunde genommen nur

---

[140] C 2, S. 580.
[141] C 11, pp. 107, 55, 224–225.

Wiederholungen der schon einmal und unzählige Male getanen und somit gar nicht neuen Akte. Demzufolge heißt das ehrfurchtsvolle Bejahen der ganzen Vergangenheit (§ 261), die über den Punkt der Geburt weit hinaus in die endlose Vergangenheit sich ausdehnen kann, wie die Samsara-Lehre dies lehrt, zugleich das Bejahen der Gegenwart und alles Kommenden. Das das Fatum bejahende Ego *ist* zugleich Fatum. Im Paragraphen 262 wird noch ein weiterer, entschiedenerer Denkschritt gewagt. Hier steht: *meine* Vollendung des Fatalismus, d. h. hier handelt es sich nicht um einen allgemein zu verstehenden, landläufigen, sondern um „meinen" „vollendeten" Fatalismus. Man könnte das so deuten: „Ich vollende den Fatalismus durch ...", nämlich durch zwei, genauer gesagt drei Momente:

1. „Ewige Wiederkehr" (s. 1. Paragraphen).
2. Präexistenz. Dieses Wort kommt, soweit wir wissen, in Nietzsches Schriften nur ein einziges Mal vor; seine Bedeutung ergibt sich aus dem Zusammenhang mit dem vorangegangenen Paragraphen. Präexistenz heißt demnach „die ganze Vergangenheit", nicht nur die „der Welt", sondern auch die des Ego als Dasein in der Welt. Die Betonung soll auf dem „Prä-" liegen, denn wenn alles wiederkehrt, ist das, was jetzt und in Zukunft existieren soll, schon unzählige Male dagewesen, die Existenz selber ist unverändert. Das „Prä-" gibt der ewig sich wiederholenden Existenz den zeitlichen Vergangenheitscharakter.
3. Durch die Eliminierung des Begriffs „Wille". Nietzsche, der „Willensphilosoph", eliminiert in der letzten Phase seines Denkens den Begriff „Wille", um seinen Fatalismus zu vollenden, d. h. um 'amor fati' zu verwirklichen. Man sollte aber seine vorsichtige Schreibweise beachten: Er schreibt nicht von der Eliminierung „des Willens", sondern von der „des Begriffs 'Wille'". Was soll das heißen? Geht es hier um den „in der Philosophiegeschichte oder im Alltag genannten Willen", als den Willen, dessen Zentrum die Ich-Aktivität ist, den vergegenständlichenden Willen? Meint „der Begriff 'Wille'" den vom Menschen her begriffenen und vorgestellten Willen? Müßte der Satz des Paragraphen 262 dann heißen: Erst durch die Eliminierung des sogenannten Willens wird der Fatalismus vervollkommnet zur absoluten Bejahung, zum „amor fati"? Falls dieser Satz so ausgelegt werden kann, ist der Wille bei Nietz-

sche nicht mehr Wille, ist „amor" Wille und zugleich nicht mehr Wille. Dann könnte „ego fatum" zugleich „fatum ego" sein. Eröffnet sich durch die Eliminierung des Begriffs „Wille" noch ein weiterer Denkhorizont, an dem Wille Wille und zugleich nicht Wille ist, an dem „ego fatum" und „fatum ego" zugleich ermöglicht werden?

Nietzsche-Zarathustra hat betont: „Wollen befreit!", aber dieses Wollen als Ego, also das „Ich will" des Löwen, war dem „Es war" des Fatum gegenüber nur ein „böser Zuschauer", nur das „Zähneknirschen". Durch die Eliminierung des Begriffs „Wille" ist Ego jedoch zugleich Fatum geworden: „ego fatum". Dieser Ausdruck kommt noch einige Male in Nietzsches Schriften vor, der Ausdruck „fatum ego", soweit wir wissen, aber überhaupt nicht. Liegt das an den grammatikalischen Bedingungen der indogermanischen Sprachen ('ego sum fatum' und 'fatum est ego' sind bedeutungsverschieden) oder an einer denkerischen Unzulänglichkeit Nietzsches? Dasselbe gilt auch für seine Formulierung „Wende der Not":

O du mein Wille! Du Wende aller Not, du meine Notwendigkeit!
O Wille, Wende aller Not, du meine Notwendigkeit!

Am Ende des ersten Paragraphen haben wir den doppelten Sinn dieser „Wende der Not" angedeutet. Zu fragen ist, wie weit und wie tief Nietzsche über diesen doppelten Sinn – mit Nietzsche könnte man ruhig sagen: über die Doppeldeutigkeit – nachgedacht hat. Ob „du, mein Wille" die Not wendet, ob dieser mein Wille nicht nur das meint, was die Not wendet, sondern *daß* die Not sich wendet? Oder beides zugleich? Darüber schreibt er nichts, bedacht hat es es aber sicherlich, hat es erlebt, sonst wären die widersprüchlichen Äußerungen, die in seinen späteren Werken immer wieder auftreten, gar nicht zu verstehen. Das äußerste Beispiel für diese widersprüchliche Doppeldeutigkeit ist ja der Gedanke der „Ewigen Wiederkehr des Gleichen" als „die extremste Form des Nihilismus" und zugleich als „die höchste Formel der Bejahung, die überhaupt erreicht werden kann". Wenn es so ist, daß „meine Vollendung des Fatalismus" durch die ewige Wiederkunft und durch die Eliminierung des Begriffs „Wille" erst ermöglicht wird, dann ist der Wille im „Willen zur Macht" Wille und *zugleich* nicht mehr Wille. Dieses „zugleich" hat er erlebt, dieses Erlebnis hat er als die letzte und höchste Bejahung all dessen, was ist, 'amor fati' genannt. Dann müßte man „amor" so annehmen, wie es da steht, und dürfte es nicht wieder als Willen zurückinterpretieren.

Die letzte, höchste Freiheit des Menschseins ist für Nietzsche das „Spiel" als „Ich bin" im Kindsein, das über den „Löwen" als „Ich will" weit hinausgeht:

> Unschuld ist das Kind und Vergessen, ein Neubeginn, ein Spiel, ein aus sich rollendes Rad, eine erste Bewegung, ein heiliges Ja-sagen.[142]

Diese Auffassung des Spiels im Kindsein ist jedoch nicht nur bei Nietzsche, sondern schon bei (nach Heidegger dem von Nietzsche „vermeinten") Heraklit, später bei Schiller, eigentlich überall und zu allen Zeiten auf der Welt zu finden. Wir müssen hier aber noch einmal fragen, ob das Kindsein im Spiel nicht ein Wunschtraum, ein Idealbild oder Postulat des Erwachsenen ist, der genau weiß, daß es unmöglich ist, die Unschuld des Kindes wiederzuerlangen? Zwar kann der Mensch im entscheidenden Augenblick des ursprünglichen Erlebens dieses höchste Freisein erreichen, in dem Wille zugleich nicht mehr Wille ist, in dem Freisein und Unfreisein dasselbe ist. Er kann aber in diesem Augenblick nicht „verweilen". Er muß von diesem „verklärten" Augenblick des „Unschuldseins", des Unbewußt-seins, gleich wieder zurück zum Schuld-sein, zum Bewußtsein, zum Willen. Denn das eben ist die Natur des Menschen als Sattva, d. h. des leibhaftigen Daseins. Und wenn das Bewußtsein, wie Kierkegaard sagt, die Potenz der Verzweiflung ist, kann auch ein Kind, sofern es Bewußtsein ist, leiden, befangen sein und gar verzweifeln. Lediglich die Bewußtseinsstufen sind unterschiedlich beim Kind und beim Erwachsenen. Auch ein Opportunist, der, anders als William Blake, im Lächeln eines schlafenden Babys nicht des Teufels Spur sieht, müßte zugeben, daß die Bewußtseinstiefe eines Kindes und die eines Erwachsenen sich nur geringfügig unterscheiden. Die Auffassung, daß das Spiel im Kindsein das höchste und letzte Freisein sei, hat also wohl eher ästhetischen Charakter. Die Philosophie

---

[142] Za I: Von den drei Verwandlungen des Geistes.

des Spiels bei Nietzsche „nimmt meines Erachtens eine Form an, in der 'Wille zur Macht' nicht philosophisch-religiös, sondern nur künstlerisch-ästhetisch aufgehoben worden ist [...] Daß Nietzsche das Spiel, obwohl er es als großes Zeichen des höchsten, freiesten Zustandes des Geistes erkannt hat, als die ursprüngliche Wahrheit nicht tief genug durchdacht hat, kommt wahrscheinlich aus dem ästhetisch-kontemplativen Charakter seines Begriffs des Spiels. In dem Augenblick, in dem das ästhetisch-kontemplative Genießen dahin ist, tritt der aufgehobene „Wille zur Macht" wieder als Löwe mit der Gewalt der Negation auf, der Löwe des „Ich will" stößt das spielende Kind als „Ich bin" gewaltsam weg. Hier kann man die tiefe Tragik des freien Geistes in der späteren Philosophie Nietzsches sehen."[143] Wir würden es vorziehen, die Betonung eher auf den „schriftstellerischen" und „tragischen" als auf den „ästhetisch-kontemplativen" Charakter seines Denkens zu legen.

Das wäre tragisch nicht nur für Nietzsche, sondern auch für all diejenigen, die das „Ich bin" des spielenden Kindes und das „Ich will" des Löwen für zwei getrennte, verschiedene Dinge halten müssen, die die Einsicht jenes „zugleich" nicht erleben. Nur durch diese erlebende Einsicht, also durch das Selbst-Erwachen, ist das „Zugleich" des Spielens und Wollens nicht mehr Postulat, nicht Idealbild oder Wunschtraum, sondern kann als die wahre Realität der Welt, als Vorwegnahme dieser Realität wahr-genommen werden. Diese Realität nannte der Buddhismus „Samsara-zugleich-Nirvana, Nirvana-zugleich-Samsara", oder, „mitten im Garten der Klesa spielen", oder aber „Hingeburt". Dieses Zugleich wiederum heißt dort Natur, Natürlichkeit der Natur oder gar „Karma-Weg = Natürlichkeit". Nietzsche hat es erlebt, er kennt es und beschreibt die Realität dieser Welt fast berauschend schön.

Diese Welt: ein Ungeheuer von Kraft, ohne Anfang, ohne Ende, eine feste eherne Größe von Kraft, welche nicht größer, nicht kleiner wird, die sich nicht verbraucht, sondern nur verwandelt, als Ganzes unveränderlich groß, ein Haushalt ohne Ausgaben und Einbußen, aber ebenso ohne Zuwachs, ohne Einnahmen, vom „Nichts" umschlossen als von seiner Grenze, nichts

---

[143] Shida Shozo: Eigokaiki to Yugi no Tetsugaku (Philosophie der ewigen Wiederkehr und des Spiels), Tokyo 1969, S. 177 ff.

Verschwimmendes, Verschwendetes, nichts Unendlich-Ausgedehntes, sondern als bestimmte Kraft einem bestimmten Raum eingelegt, und nicht einem Raume, der irgendwo „leer" wäre, vielmehr als Kraft überall, als Spiel von Kräften und Kraftwellen zugleich eins und vieles, hier sich häufend und zugleich dort sich mindernd, ein Meer in sich selber stürmender und flutender Kräfte, ewig sich wandelnd, ewig zurücklaufend, mit ungeheuren Jahren der Wiederkehr, mit einer Ebbe und Flut seiner Gestaltungen, aus den einfachsten in die vielfältigsten hinaustreibend, aus dem Stillsten, Starrsten, Kältesten hinaus in das Glühendste, Wildeste, Sich-Selber-Widersprechendste, und dann wieder aus der Fülle heimkehrend zum Einfachen, aus dem Spiel der Widersprüche zurück bis zur Lust des Einklangs, sich selber bejahend noch in dieser Gleichheit seiner Bahnen und Jahre, sich selber segnend als das, was ewig wiederkommen muß, als ein Werden, das kein Sattwerden, keinen Überdruß, keine Müdigkeit kennt –: diese meine *dionysische* Welt, des Ewig-sich-selber-Schaffens, des Ewig-sich-selber-Zerstörens, diese Geheimnis-Welt der doppelten Wollüste, dies mein „Jenseits von Gut und Böse", ohne Ziel, wenn nicht im Glück des Kreises ein Ziel liegt, ohne Willen, wenn nicht ein Ring zu sich selber guten Willen hat, – Wollt ihr einen *Namen* für diese Welt?

Diese Welt kann ein Buddhist, aber nicht nur er, beim Namen nennen: Sie ist Natur, die von Natur aus ist, wie sie ist. Doch Nietzsche sagt:

Diese Welt ist der Wille zur Macht – und nichts außerdem! Und auch ihr selber seid dieser Wille zur Macht – und nichts außerdem![144]

als ob er um jeden Preis den Ausdruck „Wille zur Macht" anwenden müßte. Hier ist allerdings zu berücksichtigen, daß es zwei Fassungen dieses Aphorismus gibt[145]. Darin zeigt sich wiederum eine fehlende Konsequenz im letzten Durchdenken. Oder sollte es eher künstlerisch interpretiert werden?

Kehren wir noch einmal zurück zu der Metapher der „drei Verwandlungen des Geistes" und fragen, ob diese drei Zustände des Geistes sich nacheinander einstellen oder wiederum zugleich ineinander. Laut Nietzsche ist Schaffen erst im Spiel des Kindseins möglich: „Neue Werte schaffen – das vermag auch der Löwe nicht; aber

---

[144] C 11, S. 610 f.
[145] Karl Löwith: Nietzsches Philosophie, S. 92 ff.

Amor fati und Karma

Freiheit sich zu schaffen zu neuem Schaffen – das vermag die Macht des Löwen." Zu fragen ist, ob Kindsein nicht erst jenseits des Löwen, jenseits des „Kamels" möglich ist.

Über das künstlerische Schaffen schreibt ein japanischer Schriftsteller unseres Jahrhunderts in einer kurzen Erzählung folgendes: Ein berühmter Bildhauer schlägt aus einem Stück Holz eine Boddhisattva-Statue. Er (der Schriftsteller) schreibt, daß ein Zuschauer sich wundert, wie leicht, ja spielerisch der Meister Nase und Augen des Boddhisattvas in das Holz schnitze. Darauf sagt ein anderer Zuschauer, der Meister schnitze die Nase und die Augen nicht in das Holz, sondern hole mit dem Meißel das heraus, was sich als Nase und Augen immer schon im Holz verberge, so wie man einen Stein aus der Erde heraushole. Der erste Zuschauer läuft sofort nach Hause und versucht, aus einem Stück Holz einen Boddhisattva herauszuschneiden, was ihm aber nicht gelingt. Er sieht ein, daß er kein Meister ist, denn er findet kein Holz, in dem sich ein Boddhisattva verbirgt. Und zugleich sieht er ein, weshalb ein Meister ein Meister ist.[146] Diese Erzählung veranschaulicht, daß beim Meister, der spielerisch leicht schnitzt, lange und strenge Übung (Kamel) und intensiver Schaffenswille (Löwe) zugleich zugegen sind. Die drei Verwandlungen finden also nicht hintereinander statt, sondern sind ineinander. Man könnte hier von einer künstlerischen Tat-Sache sprechen, die im Osten wie im Westen gleichermaßen bezeugt wird. Wenn Nietzsche über das Spiel, über die Unschuld, über das Schaffen redet, wird er leidenschaftlich, pathetisch, manchmal sogar grob vereinfachend und klingt wenig überzeugend. Man hat das Gefühl, als steigere er sich in etwas hinein, was nicht er ist, was er nicht sein kann. Er selber schreibt: „Sie hätte singen sollen, nicht reden, diese neue Seele!"[147] Ob er der dritten Verwandlung begegnet ist? Als Dichter hat er gewiß Augenblicke jenes höchsten Zustandes erlebt; das „Nachtlied", „Venedig", „Die Sonne sinkt" legen Zeugnis davon ab. Gilt das aber auch für den Denker? Die Atmosphäre in seinen späten Schriften mutet qualvoll pathetisch an, zu-

---

[146] Nach Natsume Sohseki: Yume juya (Zehn Nachtträume).
[147] Versuch einer Selbstkritik anläßlich der 2. Auflage der „Geburt der Tragödie".

weilen sogar grotesk-peinlich. Je schärfer sein Verneinen wird, desto maßloser wird sein Bejahen. Allzu oft klingt die Verherrlichung des Lebens hohl. Wer sich mit Nietzsche auseinandersetzt, kommt nicht umhin zu erkennen, daß er die dritte Verwandlung des Geistes wohl nicht hat vollziehen können, kraft derer ein Mensch gelassen wird, weise, ja im eigentlichen Sinne „natürlich". Die großen Versuche einer Auseinandersetzung in Deutschland kommen fast alle zu einem negativen Urteil: Heidegger nennt Nietzsche den Vollender der abendländischen Metaphysik, d. h. der Geschichte der Seinsvergessenheit; Jaspers nennt ihn die „große Ausnahme"; und Löwith nennt Nietzsches Versuch „eine antichristliche Wiederholung der Antike auf der Spitze der Modernität – jedoch zum Scheitern verurteilt". Weshalb konnte Nietzsche aber nicht über die abendländische Metaphysik hinausgehen? Warum mußte er Ausnahme bleiben, warum war sein Versuch zum Scheitern verurteilt?

Diese Fragen sind selbstverständlich nicht mit einem einfachen „weil" zu beantworten, sondern werfen ihrerseits die Frage auf: Ist bei Nietzsche der Begriff Wille in letzter Konsequenz gedacht worden, und wie fragt er, wie fragt die abendländische Philosophie nach dem Bezug des Willens zur Natur? Wir sind nicht in der Lage, diese Frage zu beantworten, wollen jedoch versuchen, uns an sie heranzutasten.

In unserer Denktradition ist der Wille, wie wir im zweiten Paragraphen ausgeführt haben, ein Grundzug des Karma („manas karma"), durch den das menschliche Dasein als Sattva in Samsara befangen ist. Aber dieses „manas" entspricht nicht ganz der Bedeutung „Wille", sondern könnte auch als Bewußtsein oder Bewußtseinstätigkeit übersetzt werden.[148] Manas bedeutet also etwas, das

---

[148] Das Wort „Bewußtsein" hat seit Freud eine besondere Färbung, damit hat „manas" aber unmittelbar nichts zu tun. Wir erinnern daran, daß wir im zweiten Paragraphen versucht haben, „manas" als Tätigkeit des Meinens, des Vorstellens, also als Vorprägung und Vorbildung des Denkens zu übersetzen. Was die Bewußtseinsproblematik betrifft, so hat die buddhistische Vijnavadin-Schule im 4. bis 6. Jahrhundert in Indien eine grandiose Bewußtseinsanalyse vollzogen, welche später einen prägenden Einfluß auf den Mahayana-Buddhismus ausübte. Es würde sich lohnen, das Ergebnis dieser Analyse einmal mit den entsprechenden Ergebnissen der modernen Psychologie und der Psychoanalyse zu vergleichen.

sich auf etwas anderes richtet und sich an dieses Etwas heften möchte und somit in seiner Tätigkeit befangen ist. Deshalb versteht der Buddhismus es als Grundtatbestand des gesamten Karma. Wille im Sinne von Manas wird demgemäß „nur Wahn und Trug" genannt.

Alle Übungen und Bemühungen, sich von diesem Karma-Samsara-Dasein zu befreien, sind nicht darauf gerichtet, diesen Willen („manas") kraft des eigenen Willens zu negieren, sondern diese Manas-Karma-Befangenheit als Befangenheit, als die Tat-Sache mit dem eigenen leibhaften Dasein einzusehen. Diese Einsicht ist, wie wir durch Zitate aus dem Tannisho gezeigt haben, Einsicht in das verzweiflungs-würdige Wesen des Daseins. Zugleich ist sie aber auch Erwachen und Erweckt-sein (s. das japanische Wort „Akirameru", dessen zweierlei Bedeutungen im 1. Kapitel erklärt wurden). Denn der Mensch kann das Wesen seines Menschseins nicht einsehen ohne das Licht einer Transzendenz, buddhistisch gesprochen, ohne das Licht von Tathagata, denn „das Auge sieht das Auge selbst nicht", wie es im Zen-Buddhismus heißt. Im Jodoshin-Buddhismus heißt dies das Licht des Amida-Buddha-Tathagata. Im Augenblick des Erwachens entsteht ein brennendes Verlangen, dorthin geboren zu werden, von woher das Licht kommt. Dieses Verlangen ereignet sich aber nicht von seiten des Menschen her, sondern wird durch das Hauptgelöbnis in ihm geweckt. Das Hauptgelöbnis des Amida-Buddha wird zuweilen auch Anruf-Gelöbnis genannt. Das Verlangen des Menschen ist die Antwort auf dieses Gelöbnis. Dieses Verlangen des Menschen (skr. pranidhana) kommt dem Purva-pranidhana des Amidha-Buddha entgegen. Das Verlangen, hingeboren zu werden, bedeutet der Formallogik zufolge einen Widerspruch, da Geborenwerden an sich ja jenseits des Willens, des Manas, steht. Hier jedoch handelt es sich um ein Transzendieren. Aber transzendieren wohin? Zum Ursprung, zum eigentlichen Selbst-Bewußtsein.

Genau dies scheint Nietzsches „Wende der Not" zu bedeuten. Wenn man fragte, wohin die Not sich wende, würde Nietzsche antworten: „wiederum zu der Not", also zu sich selbst, zu ihrem Ursprung. Und doch scheint Nietzsche die Transzendenz gedanklich geradezu hartnäckig abzulehnen, wiewohl er sie erlebt. Daher wohl die immer wieder auftauchende Ambivalenz, die sich am prägnantesten in seiner Verwendung des Wortes „Wille" zeigt. Worin liegt der Grund für seine scheinbare Ablehnung jeglicher Transzendenz? In seinem Ressentiment gegen die „Hinterweltler", gegen den „Schatten Gottes", in seinem Verhaftetsein an „sein" Christentum? Wir müssen diese Frage offen lassen.

Wenden wir uns noch einmal dem Verlangen nach „Hingeburt" zu. Der Vollzug der Hingeburt, das Buddhawerden, geschieht erst mit dem Tode, genauer gesagt mit der Vorwegnahme des Todes, um mit Nietzsche zu reden, in „des Todes Vorgenuß". Die Vorwegnahme des Todes beläßt den Menschen zwar noch in der Angst, läßt ihn zugleich aber auch in Ruhe, in Gelassenheit leben. Es geht nicht darum, den Tod, sondern in jedem Augenblick die Hingeburt herbeizuwünschen. Aus solcher Gelassenheit ergibt sich zwar keine willentlich-aktive Liebe im abendländischen Sinne, wohl aber Barmherzigkeit, wie wir sie im I. Kapitel als umfangendes und umfangenes Trauer- und Mitleidsgefühl beschrieben haben. Im Tannisho wird diese Barmherzigkeit wiederum in zweierlei Weise beschrieben:

Bei der Barmherzigkeit ist zu unterscheiden zwischen der des „Heiligen Weges" und der des „Reinen Landes". Die Barmherzigkeit des Heiligen Weges besteht darin, sich aller Dinge zu erbarmen. Allen aber ganz so zu helfen, wie man wollte, ist kaum möglich. Barmherzigkeit des Reinen Landes dagegen heißt, anderen Wesen aus „großem Mittrauer- und Mitleidsgefühl" nach Wunsch zu Hilfe zu kommen, indem man durch das Nembutsu-Sagen schnell die Buddhaschaft erlangt, kommt man aus dem Mit-Leid- und Mit-Trauergefühl der großen Barmherzigkeit eben dieser Buddhaschaft dem anderen Lebenden so zu Hilfe, wie Buddha es will. In diesem Leben kann man, wie viel Mit-leid- und Mit-Trauergefühl man auch aufbringen mag, dem anderen kaum so helfen, wie man möchte. Deshalb kommt diese Barmherzigkeit nie zu ihrer Erfüllung. Also ist das Nembutsu allein die vollkommene Erfüllung der alldurchdringenden Großen Barmherzigkeit. (Abschnitt 6)

Wille und Manas, Liebe (amor) und Barmherzigkeit, Ewige Wiederkehr und Karma-Samsara – diese Begriffspaare sind nicht völlig deckungsgleich. Man könnte sogar mit einigem Recht behaupten, die beiden Begriffsgruppen seien überhaupt nicht miteinander verwandt. Begriffe aber entstammen menschlichem Vermögen, ganz gleich, wie man es nennt – Verstand, Vernunft, Intuition, Phantasie usw. –, es ist Begriffenes, nicht die Tat-Sache selber. Bei dem Problem „Leben-Tod" aber handelt es sich um die Tat-Sache, nicht um etwas Begriffenes, und so versucht die Menschheit seit dem anfanglosen Anfang ihrer Geschichte diese Tat-Sache zur Sprache zu bringen. Welchen Schwierigkeiten dieser Versuch begegnet, zeigen die negativen Formen, die benutzt werden, um Wesentliches sprachlich auszudrücken: Un-endlichkeit, Ab-solutes, a-letheia (Un-verborgenheit), Sunyata (Nichts, Leerheit), Nir-atman (Ich-losigkeit) usf. Die Tat-Sache als solche sprachlich zu erfassen, ist kaum möglich. Trotzdem neigen wir dazu, Tat-Sache und sprachlichen Ausdruck zu identifizieren, die Tat-Sache sprachlich zu „verhaften". Aber Sprache ist immer nur Hinweis auf die Tat-Sache selbst. Nagarjuna nennt dies „prapanca". Prapanca bedeutet Pluralität, Vielfältigkeit der Sprache:

Das menschliche Denken ereignet sich meist mit der Sprache, die eigentlich nichts zu tun hat mit dem Sein selbst, sondern etwas Fiktives ist. [...] Zu einem Urteil braucht man mindestens zwei Worte. Das Urteil setzt demnach mehr als zwei Begriffe voraus. Deshalb denkt Nagarjuna zurecht, daß das Urteil in der Vielfalt des Wortes bestehe und daß das Denken in der Fiktivität der Sprache bestehe. [...] Er zeigt uns: Unser vermeintlich normaler Denkprozeß, der von der unmittelbaren sprachlosen Anschauung zum Wahrnehmen, vom Wahrnehmen zum Urteilen, vom Urteilen zur Folgerung geht, ist pervers. Er lehrt vielmehr das Gegenteil, daß wir nämlich zum sprachlosen Ursprung zurückgehen sollten, um zur über-sprachlichen Welt des Seins zu gelangen. Diese Welt des Seins heißt Welt der Sunyata, also des Nichts, der Leerheit. Sunyata heißt das, was keine feste Substanz hat; Substanz ist in Wahrheit die substantivierte Sprache. [...] Freilich negiert Nagarjuna die Sprache selbst nicht. [...] Um eine religiöse Wahrheit mitzuteilen, bedarf man der Sprache. Um lehren zu können, daß Sprache fiktiv ist, bedarf man ebenfalls der Sprache. Er sagt aber, es sei ein Trug, eine Täuschung, wenn man sich vorstellt, es gebe sprachliche Wahrheit außerhalb der Tat-Sache.[149]

„Der Mensch ist groß, denn er denkt", sagt Pascal, „aber der Mensch ist zugleich elend, weil er denkt", – mit der Sprache, durch die Sprache. Gerade deshalb aber zeigt sich Wahrheit in der Dichtung, weil in ihr Sprache nichts anderes als Fiktion ist. Die Tat-

---

[149] Kajiyama Yuichi: ibid., S. 61 ff. und S. 135 ff.

Sache, das Wahre also, ist eben deswegen von alters her bei allen Völkern als Mythos, als Dichtung erzählt, be-wahrt und überliefert worden. Dem Schriftsteller und Dichter Nietzsche ist es in manchen Prosastücken und Gedichten gelungen, sein tiefstes Erleben zur Sprache zu bringen.

> Heiterkeit, güldene, komm!
> du des Todes
> heimlichster, süßester Vorgenuß!
> – Lief ich zu rasch meines Wegs?
> Jetzt erst, wo der Fuß müde ward,
> holt dein Blick mich noch ein,
> holt dein *Glück* mich noch ein.
> Rings nur Welle und Spiel.
> Was je schwer war,
> Sank in blaue Vergessenheit –
> müßig steht nun mein Kahn.
> Sturm und Fahrt – wie verlernt' er das!
> Wunsch und Hoffnung ertrank,
> glatt liegt Seele und Meer.
> *Siebente* Einsamkeit!
> Nie empfand ich
> näher mir süße Sicherheit,
> wärmer der Sonne Blick.
> – Glüht nicht das Eis meiner Gipfel noch?
> Silbern, leicht, ein Fisch,
> schwimmt nun mein Nachen hinaus ...[150]

---

[150] Aus: Die Sonne sinkt.